OHSAMA BUNKO

〈性格診断〉
おもしろ心理テスト

亜門虹彦

三笠書房

答える時は直感で。
時には〝ちょっと意外〟な
診断結果が出ることも……。
「これからの自分」を考える
有意義なヒントになるかも？

まえがき

普段は隠れている〈本当の性格〉がズバリあぶり出される50問！

人間の性格というのは、本当に様々です。

やたらとポジティブな人もいればネガティブな人もいるし、浮気っぽい人がいればひたすら一途《いちず》な人もいるし。

同じような時代に生まれ、同じような環境で育った兄弟姉妹や同級生でさえ、性格はそれぞれ異なるはずです。指紋が一人ひとり異なるように、性格もまさに千差万別と言えるでしょう。

しかも**性格は、「普段表面に現れているもの」と「実際のもの」で、差があるケースもかなり多い**のです。

日頃は無口な人が得意分野のこととなると急に饒舌《じょうぜつ》になり、おしゃべりが止まらなくなったり、普段頼りになると思っていた人がちょっとのピンチで尻尾を巻いて逃げ出したり。

こうしたケースを実際に目にした経験がある人も、少なくないのではないでしょうか。

このような、日常生活の中で垣間《かいま》見える、その人の「意外な性格」を質問によって明らかにしていくのが、本書『〈性格診断〉おもしろ心理テスト』です。

人間は、**自分の性格について、客観的に把握《はあく》することが難しい**生き物です。はたから見るとけっこうワガママな人が、自分では「私は気配り上手」と思い込んでいたり。サボってばかりに見える人が、自己評価では「頑張り屋」だったり。

そうしたケースは、枚挙にいとまがありません。

そこで本書の心理テストを通じて、あなたも「本当の自分」を発見してみませんか。

本書には厳選した心理テストが、全部で50問収録されています。

心理テストに答え、診断文に触れることで、あなたは新しい自分の長所や、改善した方がいい部分を見つけることができるでしょう。

もちろん完全に受け入れる必要はありませんが、「自分はどんな性格なのか」を改めて考えることは、これからの人生を有意義に過ごし、幸せをつかむ上でのヒントになるはずです。

さあ、「本当の性格」を知る旅に出かけてみませんか？

亜門　虹彦

CONTENTS

5章

Column

本文イラストレーション　岡田丈

1章

自覚するのが難しい「意外な自分」

——あなたの「真実のキャラ」とは？

Test 1

「ネコに小判」「ブタに真珠」のイヌバージョンを作るとしたら？

「ネコに小判」「ブタに真珠」と同じような意味合いのことわざを、「イヌ」で作りたいと思います。

あなたなら次の４つの候補のうち、どれが一番ピッタリくると思いますか？

A イヌにダイヤの首輪

B イヌに毛皮のコート

C イヌに聖書の教え

D イヌに盛大な結婚式

Test 1 診断

イヌと何を組み合わせたかによって、あなたの
「ミエを張りやすいところ」がわかります

このテストは、あなたが「本来価値がないはずの、どんなものに惹《ひ》かれやすいか」を調べるもの。選んだ答えによって、あなたが**どんなことで背伸びして、ミエを張りやすいのか**がわかります。

A を選んだ人……とにかく実際よりも「リッチ」に見せたい

自分を実際よりリッチに見せたくて、全身をブランド物で着飾ったりしてしまうあなた。ブランドのロゴが大きくプリントされている服が好きだったりして、かえって「カッコ悪い」なんて思われている恐れも。またムリをして高級車に乗ったりして、支払いで苦労することもありそう。

B を選んだ人……人から「オシャレだね」と思われたい！

オシャレには敏感だし、芸術的なセンスもあるとみんなに思われたいあなた。でも

その結果、流行を追いかけることに必死になって、かえってセンスが悪いと思われる可能性も。話題のスポットなどで必死に自撮り写真や食べ物の写真を撮り、ＳＮＳにアップしているタイプです。

Ｃを選んだ人……頭がいいと思われたくて「つい知ったかぶり」

本当は知らないのに知ったかぶりをしたり、あえて難しい言葉を使ったりしやすいあなた。でも知ったかぶりがバレたりすると、逆に恥をかくことになるので注意が必要です。「頭がいい人」と思われたいなら、知識や教養をキチンと身につけることを目指しましょう。

Ｄを選んだ人……友達が多い「人気者」アピール

自分はけっこうな人気者で、有名人や有力者とも知り合いだし……なんて思われたいタイプ。ただ、そうした部分で自慢話をすると、かえって相手に引かれて人気がダウンするかも。謙虚にしていた方が、逆にみんなに好かれるようになるし、あなたの評価が高くなりますよ。

Test 2

拍手喝采！マジシャンがシルクハットから出したものは……

一人のマジシャンが、カラのはずのシルクハットからあるものを出して、観客から拍手喝采を浴びています。
マジシャンはシルクハットから、何を出したと思いますか？

A ウサギ

B ハト

C 豪華な花束

D ワインボトル

Test 2 診断

シルクハットから何を出したかで、あなたが「嘘がどれだけうまいか」がわかります

マジシャンがシルクハットから出して観客をビックリさせるものは、あなたがつく「嘘」を象徴《しょうちょう》しています。選んだ答えによって、あなたが**嘘が得意なタイプか、そうでないか**がわかります。

A を選んだ人……詐欺師《さぎし》の素質アリ　得意度★★★★

それなりに大きさもあるウサギは、あなたが、嘘をつくのがものすごく得意だということを表します。矛盾《むじゅん》などもないし、自然な態度で嘘をつくことができるので、周囲のみんなをうまくだますことができそう。ただし嘘に自信を持ちすぎると、油断してバレやすくなるので、ホドホドにした方が無難かも。

B を選んだ人……頑張ればなんとか　得意度★★☆☆

平和の象徴であるハトは、あなたが嘘をつくことに罪悪感を持っていることを表し

ます。できれば嘘はつきたくないと思っているはず。ただし、友達を守る時や、重要な場面では頑張って嘘をつき、うまく切り抜けることができそう。普段正直なだけに、みんなを信用させることができるのです。

C を選んだ人……かわいい嘘なら　得意度★★★☆

花束は、あなたが相手に愛されるために、かわいい嘘をついてしまうタイプだということを表します。それなりに嘘がバレやすい面もありますが、愛されるための嘘なので、相手も笑って許してくれることが多いでしょう。その意味では得と言えますが、嘘がバレた時のために、かわいい謝り方も身につけておくのがベスト。

D を選んだ人……全部バレバレ　得意度★☆☆☆

硬いイメージのワインボトルは、あなたが嘘をつこうとしても、緊張してなかなかうまくいかないことを表します。挙動不審になって、嘘がすぐにバレてしまいそう。そんなあなただから、「うまく嘘をつくのは自分にはムリ」と自覚して、なるべく嘘やごまかしのない生活を送った方がよさそうです。

Test 3

絵本の読み聞かせ、男の子が決まって眠ってしまう場面は？

ある男の子が、寝る前にお母さんに、
『浦島太郎』の絵本を読んでもらっています。

ところがこの男の子、
ある場面になると、
決まってぐっすり眠ってしまうのです。

男の子はどの場面で、
眠ってしまうと思いますか？

A 序盤のカメを助ける場面

B 龍宮城《りゅうぐうじょう》に連れていってもらう場面

C 龍宮城での楽しい毎日の場面

D 村に帰って一人ぼっちの場面

Test 3
診断

男の子が眠る場面から、あなたが
「ドヤ顔になる時」がわかります

男の子がぐっすりと眠ってしまう場面は、あなたが心の底から満足を感じ、**ドヤ顔になれる状況**を暗示しているのです。

A を選んだ人……「私、いいことしたな〜」という時

カメを助けたという答えは、あなたが周囲から見ていいことをした時に、ドヤ顔になることを表します。困っている人を助けたりすると、誰か見ていなかったかな……と何気なく周囲を気にするあなた。いいことをするのは立派ですが、時おりスタンドプレーに走って、目立ちたい気持ちがバレてしまうことも。

B を選んだ人……自分の指示で人が動いた時

カメに乗って龍宮城に行くという答えは、周囲の人があなたのために何かしてくれた時に、あなたがドヤ顔になってしまうことを表します。みんなが自分のために動いてくれるたびに、自分がそれだけ重要人物なんだと実感できて、満足を感じるタイプ。後輩や部下をアゴで使ったりしてヒンシュクを買わないよう、気をつけましょう。

Cを選んだ人……異性からチヤホヤされた時

タイやヒラメの舞い踊りという答えは、あなたがモテていると感じた時に、ドヤ顔になってしまうことを表します。普段あまりモテていないからか、そうした状況に強い憧れを持っているのかもしれません。少しでもモテたりすると、友人にドヤ顔で自慢話をしそうです。

Dを選んだ人……「趣味の世界」で周囲を圧倒した時

一人ぼっちの場面という答えは、あなたが趣味の世界などで、「誰も自分にはついてこられないだろう」と感じた時に、ドヤ顔になりやすいことを表します。新しい趣味の道具を買い込んだり、最先端の知識を仕入れた時に、つい自慢話が始まるタイプ。周囲の人が理解できない趣味の話を、何時間でもくり広げそう。

Test 4

毎月、食べ物が届くサブスク——何を選ぶ?

毎月3000円で、
決まった食べ物が家に届くサービスがあります。
あなたなら次のうち、
どんな食べ物が届くサービスを
利用したいと思いますか?

A 季節のフルーツ

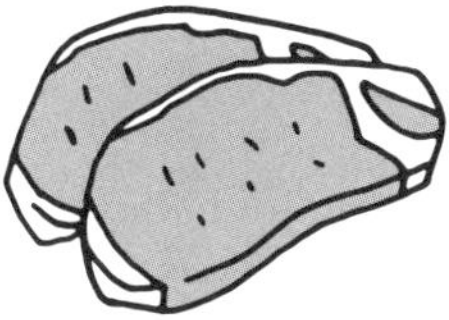

B 少し高級な肉

C 港直送の
魚介類

D 冷凍食品の
詰め合わせ

Test 4 診断

届けてもらう食べ物から、あなたの
「今の収入への満足度」がわかります

毎月届く食べ物は「今の収入」を象徴しています。どんな食べ物が届くサービスを利用したいと思ったかによって、あなたが心の奥底で、**今の収入にどのくらい満足しているのか**がわかります。

A を選んだ人……**セレブ三昧《ざんまい》な毎日　満足度★★★★**

デザートになるフルーツは、かなり余裕のある状態を表します。もちろん「もっと欲しい」という気持ちはあるものの、基本的には満足しているのが、あなたの今の状態のはず。趣味やレジャーに使うお金も、ある程度は確保できているのでは？　足りない感じがするなら、それはムダ遣《づか》いが多いせいかも。

B を選んだ人……**さらに稼ぎたい気持ちでギラギラ　満足度★★★☆**

少し高級な肉は、あなたが精神的にまずまず満ち足りていて、時にはぜいたくをする余裕があることを表します。ただし肉は上昇志向の表れでもあり、「もっとお金が欲しい」という気持ちも持っているようです。そのせいで、パートナーなどにプレッシャーをかけすぎないよう、気をつけましょう。

Ⓒを選んだ人……給料が入ってもすぐに消えてしまう　満足度★☆☆☆

新鮮さが命の魚介類は、あなたが現在の収入に、まったく満足していないことを表します。給料が入ってもすぐに消えてしまう……というのが、あなたの感覚かもしれません。あまりにもつらい状態なら、情報を集め副収入の道を探るのもいいでしょう。

Ⓓを選んだ人……できる限り貯蓄へ回す　満足度★★☆☆

保存のきく冷凍食品は、現在のあなたが、お金を貯めること、貯金を増やすことに執着していることを表します。将来への不安などもあり、「今の収入では全然足りない」なんて感じている状態のようです。そのせいで、リスクの高い投資などに興味を持つ可能性がありますが、その場合は慎重に検討した方がよさそう。

Test 5

桜写真コンテスト！最優秀賞を獲得したのは……

桜の写真コンテストが開催されました。

そこで最優秀賞を獲得したのは、
少し変わった場所に、
1本だけ満開になっている桜の木の写真。

それは、どんな場所に咲いている
桜の木の写真だと思いますか？

A 都会のビルの谷間に

B 海に面した崖《がけ》に

C 幼稚園の庭の真ん中に

D 山のてっぺんに

Test 5 診断

桜が咲いている場所によって、あなたの **「孤独を感じる時」がわかります**

1本だけ満開になっている桜の木は、あなたの中にある「孤独感」の象徴。どんな桜の写真をイメージしたかによって、あなたが**どんな時に「自分は一人ぼっち」だと感じやすいのか**を診断します。

A を選んだ人……優秀な人に「能力の差」を見せつけられた時

ビルの谷間という答えは、周囲の人を「優秀」と感じた時に、孤独を感じやすいことを表します。自分に今一つ自信が持てず、人と自分を比べてしまいやすいタイプ。職場や学校で、人がホメられているのを見ると、「私はまだまだ」と落ち込んでしまいそう。趣味などでもいいので、自信が持てるものを一つ身につけましょう。

B を選んだ人……人生の決断を迫られた時

崖という答えは、人生の大きな決断を迫られた状態を表します。普段はあまり孤独を感じることはありませんが、転職とか、お金に関する悩みを抱えたりした時に、人に心を開いて相談できないタイプ。一人で悩みを抱え込んで、孤独を感じてしまいそう。家族や親友に、もっと気軽に相談をしましょう。

C を選んだ人……みんなが盛り上がっている時

幼稚園という答えは、周囲の人が楽しく盛り上がっている時に、孤独を感じやすい傾向を表します。冗談などが苦手で、いわゆる「軽いノリ」についていけないタイプ。そのため、みんなが盛り上がっている輪の外で、孤独を感じるということになりやすいようです。そんな時はあまり気にせず、「自分は自分」と割り切る気持ちも大切。

D を選んだ人……「意識高い系」の話を理解してもらえない時

山のてっぺんという答えは、プライドの高さを表します。自分は高度な話をしているつもりなのに、それを理解してもらえないと、孤独を感じ、「みんなわかっていない」と腹を立てたりする傾向があります。周囲にわかりやすく説明できない自分が、まだまだ未熟なんだ……と反省する気持ちも大切です。

Test 6

「職人の仕事」体験ツアー！最も参加希望者を集めたのは……

ある旅行会社が、
職人の仕事の体験ツアーを企画して、
話題と人気を集めています。

中でも参加希望者が
一番多かったのは、
次のうち、どんなツアーだと思いますか？

A 刃物職人
体験ツアー

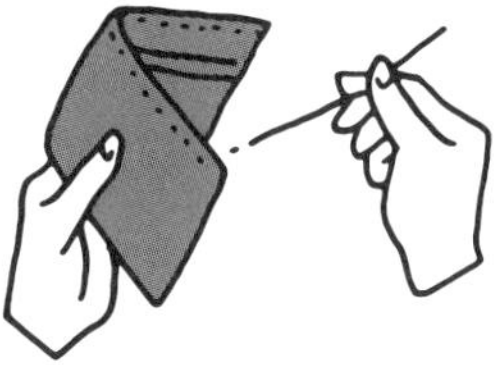

B 革小物作り
体験ツアー

C 家具職人
体験ツアー

D こけし作り
体験ツアー

Test 6 診断

人気を集めた「職人の仕事」から、あなたの「自慢したいところ」がわかります

人気を集める体験ツアーは、あなたが心の奥底で「周囲の人に興味を持ってほしい」と思っている部分を表します。選んだ答えによって、あなたが、身近な人に**どんなところを自慢したい**と思っているのかがわかります。

A を選んだ人……「物知り」とホメられたら大満足！

「鋭い」「切れ者」といった表現があるように、切れ味の鋭い刃物は、あなたが頭のよさに関して自慢したい気持ちを持っていることを表します。そのため、人前で無意味に細かい知識を披露したり、知らないことを知らないと言えず知ったかぶりをしたりすることも多そう。そして「物知りだね」とホメられると、大満足です。

B を選んだ人……「ファッションセンス」では自分が一番！

サイフやベルトなどの革小物作りの体験ツアーは、あなたが自分はセンスがいいと

思っていて、そこを自慢したいと感じていることを表します。そのため、友人の洋服選びなどについ口を出して、イラッとされることもあるでしょう。また、流行のものを取り入れようと頑張りすぎ、妙に若作りになってしまうことも少なくないはずです。

Ⓒを選んだ人……「友達の多さ」では誰にも負けない！

タンスやイスなどかなり高価なものを作る家具職人の体験ツアーは、自分にけっこう意外な友人がいることを、自慢に思っていることを表します。社長の知り合いがいるとか、有名人と仲がいいといったことを、自慢気に話したりしそう。実際にそれほど仲がいいわけではない人のことも、大げさに「友達」と言ってしまいがちです。

Ⓓを選んだ人……異性にモテすぎて困っています！

こけしなどの人形は、異性の存在を象徴します。あなたは、自分がモテるということを、必要以上に自慢したいタイプ。どこかで異性に声をかけられたりすると、「あの人は自分に気があるのかも」と思い込み、「モテて困っちゃう」と言いふらしたりする傾向が。でも実際にはそれほど、モテてはいないかも……。

Test 7

先生からお説教！小学生が2回連続で忘れた教科書は？

ある小学生が、2回連続で同じ教科書を家に忘れ、先生に注意されてしまいました。

この小学生は、どの教科書を忘れたと思いますか？

次の中から選んでください。

A 国語

B 算数

C 理科

D 社会

Test 7 診断

忘れた教科書から、あなたの「内心どうでもいい」と思っていることがわかります

教科書を忘れるという事態は、あなたが心の奥底で「軽く見ているもの」を象徴しています。どの教科書を忘れたと思ったかによって、あなたがどんなことに関して**「内心どうでもいい」**と思っているのかがわかります。

Ⓐを選んだ人……「興味がない人」には冷淡

作者の気持ちなどを考える教科でもある国語は、あなたが自分が興味ない人の気持ちに関して、内心「どうでもいい」と思っていることを表します。愛する人の気持ちには敏感ですが、それ以外の人には意外と冷淡なあなた。それだけに、無意識のうちに人をイラッとさせるような発言をしないよう気をつけましょう。

Ⓑを選んだ人……「小さな節約」には興味なし

算数は、あなたが細かいお金に関して、内心「どうでもいい」と思っていることを

表します。コスパとか、小さな節約にこだわっていると、気持ちが暗くなってしまう……なんて思っていそう。そのため、ついつい小さなムダ遣いが増えて、なかなかお金が貯まらないということになりがちです。

Ⓒを選んだ人……「細かいミス」は気にならない

科学的なものの考え方を学ぶ理科は、あなたが内心、小さな勘違いなどを「どうでもいい」と思っていることを表します。それだけに、人の名前を間違って覚えていたりしても、訂正せず人前で知ったかぶりをしたりしそう。そうした勘違いや記憶違いを放置しておくと、「意外と無知な人」なんて周囲から軽蔑《けいべつ》されてしまうかも。

Ⓓを選んだ人……敬語や礼儀なんてお構いなし

社会は、あなたが厳しい上下関係が苦手で、むしろ「どうでもいい」と考えていることを表します。そのため敬語の使い方がちょっとおかしかったり、目上の人に馴《な》れ馴れしくしたりして、評価を下げることもあるでしょう。逆に、自分がある程度目上の立場になれば、「気さくな人」と慕《した》われる利点もあります。

Test 8

「開けるべからず」の壺を発見！その中身とは……

古い土蔵の奥から、
豪華な壺《つぼ》が発見されました。

この壺には「開けるべからず」と
書かれた紙が貼られていましたが……。

壺の中には、何が入っていたと思いますか？

A 古いお酒

B 昔は貴重だった砂糖

C 小判

D 不気味な日本人形

Test 8 診断

壺の中身によって、あなたの
「家族や親友にも言えないこと」がわかります

「開けるべからず」と書かれた壺は、あなたが「家族や親友にも言えずにいること」を表します。選んだ答えによって、あなたが**どんなことを言えずにいるのか**がわかります。

A を選んだ人……ちょっとヤバい趣味やフェチ

酔いしれるものでもあるお酒は、あなたが一般には理解されないことに夢中になっていることを表します。誰にも言えない趣味を持っていたり、異性の好みがすごく変わっていたりするため、それを言ったらみんなに引かれてしまう……なんて考えているのではありませんか？

B を選んだ人……子供時代の「暗黒歴史」

甘い砂糖は、子供時代のことを表します。あなたは、自分の子供時代に関して、家族や親友に言えずにいることがありそう。子供時代は今と全然違う性格だったり、子供時代にとんでもない失敗をしていたり。自分でも思い出したくない「黒歴史」があるのかもしれません。

C を選んだ人……「多額のへそくり」or「お金のトラブル」

小判は、文字通りお金に関しての「言えないこと」を表します。もしかしたらパートナーにも内緒で、ものすごい金額のへそくりを隠し持っているのかもしれません。また逆に、秘密の借金がある可能性もあります。お金のトラブルを抱えている場合は、なるべく早めに解決を考えた方がいいかもしれません。

D を選んだ人……「この人、生理的にムリ」を隠している

不気味な人形は、あなたが誰かを「苦手」に感じていて、それを言えずにいることを表します。もし自分の気持ちを正直に言ってしまうと、相手が傷つくと考えているのかもしれません。ただ、そのせいであなた自身が大きなストレスを感じているようなら、言葉を選びながら家族や友人に相談してみるのも一つの方法かも。

Test 9

女子高校生の間で超話題！「少し変わった柄」の浴衣とは？

あるファッションメーカーが、
高校生など若い女性向けに、
少し変わった柄《がら》の浴衣を発売しました。

次の4種類の中で、
一番人気を集めて売れたのは、
どんな柄の浴衣だと思いますか？

直感で選んでください。

A 水玉模様

B チェック

C ネコ

D バラの花

Test 9 診断

浴衣の柄によって、あなたの「若さへの執着度」がわかります

若い女性の間で流行したものという質問は、あなたの「若さに対する意識」を表しています。どんな柄の浴衣が人気を集めたと思ったかによって、あなたが心の奥底で、**若さにどれだけ執着しているのか**を判断します。

Ａを選んだ人……そんなに意識していないのになぜか若々しい

円がたくさんある水玉模様は、あなたがいわゆる「天然」タイプで、若さにさほど執着していないのに、周囲の人には若く見られることを表します。いい意味でいつまでも若々しさをキープできる人ですが、逆に幼児性も残っていて、時にとんでもないワガママを言い出したりすることもあるでしょう。執着度40%。

Ｂを選んだ人……「現実」を淡々と受け入れるタイプ

直線で構成されるチェックは、あなたが理性的で、現実を受け入れるタイプだとい

うことを表します。当然若さに執着することはなく、年齢を重ねたらそれなりに常識を身につけ、大人の楽しみを見つけようとします。ただ若さにこだわる人と比べると、「ちょっと老けてる?」なんて思われることもありそう。執着度10%。

Ⓒを選んだ人……普段は年相応でも、異性の前では……

気まぐれな動物であるネコは、あなたが主に恋愛に関して、若さに執着していることを表します。職場などでは年相応の感じなのに、恋人に対してはものすごく甘えて、赤ちゃんっぽい口調になったりすることもありそう。そのギャップを愛してくれる相手にめぐり合えれば、幸せな恋愛ができるでしょう。執着度75%。

Ⓓを選んだ人……話題、ファッション……頑張るのもホドホドに

咲いてやがて散る花は、あなたがものすごく若さに執着していることを表します。若者の話題についていこうと猛勉強したり、ファッションも流行を取り入れようと頑張ったりしているのでは? でもそれが必死すぎて、逆に「ムリしている」と思われる可能性も。恋愛でも年下の相手ばかり好きになってしまいそう。執着度90%。

Test 10

正義のヒーロー登場！
普段の「仮の姿」は……

「正義の変身ヒーロー」の、新番組がスタート。
実はこのヒーロー、ちょっと意外な職業に就《つ》いている男性が変身するのです。
いったいどんな職業の男性が、ヒーローになると思いますか？

A ピアニスト

B 医師

C プロサッカー選手

D アイドル

Test 10 診断

ヒーローの職業によって、あなたが
「何フェチか」がわかります

変身ヒーローは、あなたの「理想の異性像」を象徴しています。そのヒーローの職業は、あなたが魅力を感じる部分を表しているのです。どんな職業をイメージしたかによって、あなたが**どんなものにフェチシズムを刺激されるのか**がわかります。

A を選んだ人……●●がチラリと見えたら萌《も》え萌え

繊細な指使いのピアニストは、あなたが異性のボディパーツに惹かれる、パーツフェチだということを表します。指がきれいだったり、肩幅が広かったり、そうしたパーツに魅力を感じて、恋愛がスタートすることが多いのではありませんか？　顔はあまり気にならないケースがほとんどです。

B を選んだ人……「制服」姿に胸キュン！

白衣のイメージが強い医師は、あなたに制服フェチの傾向があることを表します。

警察官とか、パイロットとか、制服を着ている異性に、胸がときめいた経験があるのではありませんか？　制服姿への憧れが強すぎて、あなた自身もそうした人に近づけるような職業を選ぶこともありそう。

Ⓒを選んだ人……あの人の「匂い」を胸いっぱいに吸いたい！

汗だくでプレーするスポーツ選手は、あなたの中に、匂いフェチの傾向があることを表します。自分ではあまり自覚していないかもしれませんが、好みの匂いとそうでない匂いがはっきりしていて、それで異性への印象が大きく変わってしまうことが多そう。中には中年の匂いが好きなケースも。

Ⓓを選んだ人……〝顔面〟さえよければすべて許せる

アイドルは、あなたが異性の顔立ちにとことんこだわるタイプだということを表します。あなたが女性なら、完全な美少年好きなはず。妥協して顔が今一つの相手と付き合うより、遠くからでも美しい顔を見ていたい……なんて思っていそう。顔がよければ、相手の性格が最悪でも許せてしまうことも。

Column

あなたの「承認欲求」は強い？　弱い？

「有名になりたい」
「みんなに好かれたい」
「身近な人にホメられたい」

誰もが一度は、そうした考えを持ったことがあるはずです。自分でははっきりと意識していなくても、例えばＳＮＳで熱心に投稿している人の心の奥底には、そうした願望が隠れているかもしれません。
こうした願望は、心理学的には「承認欲求」と呼ばれ、人間が社会生活を送る上で当たり前に身につけてきたものでもあります。

大昔、まだ食糧が豊かでなかった時代。

食べ物の取り分を確保し、生き残るためには、自分が集団にとって重要な人物だとアピールする必要がありました。承認欲求はその頃に生まれたものであり、もはや人間の「本能の一部」と言っても過言ではないでしょう。

しかしその一方で、自分の中にある承認欲求の大きさに、苦しんでいる人がいるのも事実です。

あなたはSNSのフォロワー数や「いいね」の数に一喜一憂して、それに振り回されてはいませんか？

そこであなたの承認欲求の強さを、次のテストでチェックしてみましょう。

当てはまると思う項目の数を、数えてみてください。

《承認欲求》度診断テスト

□お金持ちになったら、とりあえずブランド物の服やバッグを買いたい

□友達がたくさんいる人が、うらやましい
□話題の食べ物は、お店の行列に並んででも食べてみたい
□大胆なイメチェンをしたいという気持ちが、割とある
□今の世の中は不公平で、自分は損をしていると思っている
□写真フォルダに保存されている写真の半分以上に、自分が映っている
□先輩など目上の人の話を聞くのは、実は苦手だ

いかがですか？

当てはまる項目が5個以上ある人は、かなり承認欲求が強いタイプ。

2〜4個の人は、承認欲求を持っているけれど、それがデメリットになるほどではないタイプ。

0〜1個の人は、承認欲求がほとんどないタイプと言えるでしょう。

特に気をつけたいのが、承認欲求が強いタイプの人です。

こうした人は「有名になる、お金持ちになる」＝「成功する、幸せになる」といっ

た考えにとらわれやすいと言えます。その結果、ムリをしたり、物事が少し計画通りにいかないだけで挫折感を味わったりしやすいのです。

「みんなに認めてほしい」気持ちから自由になるには？

そこで、そんなあなたのために、自分の中の承認欲求から自由になれる方法を、紹介しましょう。

それは「昨日の自分から前進している」と実感できる趣味を始めることです。絵を描くことでもいいし、楽器をマスターすることもよさそう。また、料理やお菓子作り、パン作りもいいかもしれません。

承認欲求が高いというのは、周囲の評価を必要以上に気にする状態のこと。自分の成長を自分自身で確認することができれば、周囲のことがあまり気にならなくなるし、マイペースで努力できるようになるでしょう。

承認欲求が強めの人は、ぜひ試してみてください。

2章

「社会」や「仲間」とどう関わるタイプ？

――いい「縁」に恵まれるための道筋とは

Test

11

女子会で「実は浮気していて……」と友人に相談されたら

イメージしてください。

3人の友人と、レストランで女子会を開いています。

友人の一人から突然、
「実は私、浮気をしていて……」
と深刻な相談を受けました。

その後、あなたは最初に何を口にしますか？

A 肉料理や魚料理

B パスタやパンなどの炭水化物

C サラダや漬物

D 飲み物

Test 11 診断

最初に何を口にしたかで、あなたの「友人裏切り度」がわかります

友人から重大な秘密を打ち明けられた時に最初に口にするものは、あなたの「友人の秘密に対する姿勢」を表しているのです。どんなものを最初に口にするかによって、あなたが**どれだけ秘密を漏らしやすいか、友人を裏切るタイプかどうか**がわかります。

A を選んだ人……対抗意識や嫉妬《しっと》心から「相手を陥《おとしい》れがち」

メインの食べ物と言える肉料理や魚料理は、あなたが相手に対し、心の奥底で対抗意識や嫉妬心を燃やしていることを表します。それだけに、表面には出さないけれど、友人の失敗を望む気持ちが強そう。周囲に浮気がバレるようなワナを仕掛けたりして、友人をピンチに陥れる可能性が。裏切り度99%。

B を選んだ人……悪気なく、うっかり漏らしてしまうタイプ

血糖値を上げるパスタなどの炭水化物は、単純に「いいなぁ」とうらやましがる気

持ちを表します。自分に浮気願望があるかどうかはともかく、自由奔放《ほんぽう》に行動する友人をうらやましがっているようです。悪意はないので裏切り度は低めですが、単純なところがあるので、うっかり口を滑らせる可能性も。裏切り度20％。

C を選んだ人……墓場まで持っていく「口堅タイプ」

冷たい食べ物は、あなたが冷静な判断力をキープしていることを表します。自分が口を滑らせたりしたら、友人にどんな迷惑がかかるのかといったことも、キチンとわかっているタイプ。当然裏切ったりすることはないし、逆にピンチの友人を助けるタイプ。裏切り度０％。

D を選んだ人……ペラペラしゃべりまくる「口軽タイプ」

ドリンクを口に運ぶのはのどが乾いているわけで、あなたが心の奥底で激しく興奮し、この事態を面白がっていることを表します。本人に悪気はありませんが口が軽く、「これ、秘密なんだけど」と言いながら、みんなに言いふらす恐れがあるのです。裏切り度75％。

Test
12

陶芸体験を楽しめる観光スポット。どんな陶器に絵付けする？

イメージしてください。

親しい友人たちと、陶芸で有名な場所に観光に行ったあなた。

そこでは好きなものを選んで、絵付けの体験をすることができます。

あなたなら、次のうちどれに絵付けをして、オリジナルの陶器を作りたいと思いますか？

A 湯のみ

B 一輪挿《さ》しの花瓶

C お皿

D ご飯などのお椀《わん》

Test 12 診断

絵付けした陶器によって、あなたの
「人間関係における理想の役割」がわかります

友人たちと出かけた旅行。そこで見つけた、自分で好きな絵を描く陶器は「友人と自分との理想の関係」を象徴しています。選んだ答えによって、**友人や職場の同僚に対し、自分がどんな役割を果たしたい**と思っているかがわかります。

A を選んだ人……**落ち込んだ人を救う癒《い》やしのプロ**

ホッと一息という時に使う湯のみは、あなたが身近な人を、癒やす役割になりたいと思っていることを表します。グチや悩みを聞いてあげたりするのが、得意だと思っているはず。誰かが落ち込んでいると、自分が活躍するチャンスと感じ、張り切ってしまうこともありそう。

B を選んだ人……**「オシャレなら任せて!」のファッションリーダー**

花を入れる一輪挿しは、あなたが身近な人に「オシャレ」と思われたいことを表します。ファッションリーダーを目指し、アドバイスのつもりで洋服選びなどに口を出したりすることもありそう。ただ本当にオシャレな人でないと、かえって「余計なお世話」と思われることも。

Ⓒを選んだ人……〝アイデア出し〟ならお安い御用

色々なものを盛り付けることができるお皿は、あなたがユニークなアイデアを次々発表する、プランナー的な役割だと思われたがっていることを表します。「今度はみんなであそこに出かけよう」なんてレジャー計画を提案したり。ただ、時おりユニークなアイデアにこだわりすぎ、単なる「変わり者」と思われる可能性も。

Ⓓを選んだ人……「頼りがいのあるリーダー」になりたい！

主食であるご飯をよそうお椀は、あなたがみんなにリーダーとして一目置かれたいと思っていることを表します。そのため、団体行動で自分の意見を押しつけたり、上から目線でお説教をしたりすることも、少なくないはず。意外と陰で「うっとうしい」なんて思われているタイプです。

Test 13

気乗りしないハロウィンパーティに参加。どんな仮装をする？

友人に誘われ、「嫌だなぁ」「面倒だなぁ」と思いながらも、ハロウィンの仮装パーティに参加することになりました。この人は気乗りしないまま、どんな仮装をしたと思いますか？

A 傷シールでヨタヨタ歩くゾンビ

B マスクで顔が隠れるジェイソン

C 黒い布のマントとホウキの魔女

D 口のところを赤く塗った吸血鬼

Test 13 診断

どんな仮装を選ぶかで、あなたの「苦手なタイプと接する時の態度」がわかります

気乗りしない時にする仮装は、あなたが**苦手な人を前にした時に、表面的にどんな態度を取るか**を表しています。

A を選んだ人……「誰かに頼って」なんとか乗り切る

ヨタヨタ歩くゾンビは、あなたが苦手なタイプの人を前にすると、自分ではどうにもできず、周囲の人を頼ってしまうことを表します。相手と直接話をする自信がなく、その場にいる他の人に話を振ったりして、なんとか沈黙を避けようとするのでは？そうした人が近くにいないと、どうしても話題が途切れがちに。

B を選んだ人……わかりやすく無口、無表情になる

マスクで顔を隠したジェイソンは、あなたが苦手なタイプの人を前にすると、どうしても無口、無表情になりやすいことを表します。何を話したらいいかわからず、た

だ窓の外とか、自分の爪《つめ》とかを見つめるタイプ。そのため、あなたの苦手意識が相手に伝わることも多いでしょう。上辺《うわべ》だけでも、もう少し社交的になった方が。

Ⓒを選んだ人……相手を〝質問攻め〟にして、自分には踏み込ませない

ホウキを持った魔女は、あなたがけっこう周囲に気を遣う礼儀正しいタイプだということを表します。ただし、自分の領域に相手が踏み込んでくるのを、嫌う傾向もあるようです。そのため、苦手なタイプを前にすると会話の主導権を自分が握ろうとして、自分から相手にどんどん質問をぶつけていくことが多いでしょう。会話は盛り上がりますが、相手に自分のことは話しません。

Ⓓを選んだ人……あくまで「笑顔」でキツい一言をかます

口の周りが赤い吸血鬼は、あなたが苦手なタイプを前にすると、会話で攻撃することを表します。お世辞を言うこともありますが、その内容は皮肉スレスレだったり。ただし表面はあくまで笑顔なので、相手にはあなたの苦手意識はあまり伝わりません。皮肉を言って相手を攻撃するのを内心楽しんでいる、イジワルな人です。

Test 14

後輩たちと鍋パーティ！先輩のあなたならどんな味付けをする？

後輩と、鍋パーティをすることになったあなた。

先輩であるあなたが、
鍋の味付けを決めることになりました。

あなたなら次のうち、
どんな味付けを選びますか？

A 白い豆乳鍋

B 赤いごま担々鍋

C 透明な水炊き鍋

D 濃厚みそ鍋

Test 14 診断

どんな味付けをするかで、あなたの
「後輩や部下にどう思われたいか」がわかります

あなたが決定する鍋の味は「後輩や部下へのあなたの存在感」を象徴しています。選んだ答えによってあなたが心の奥底で、**後輩や部下にどう思われたいのか**がわかります。

A を選んだ人……優しくて「包容力」がある先輩

白い豆乳の味付けは、あなたが後輩や部下に「優しくて思いやりのある人」と思われたいことを表します。後輩や部下が困っていたり悩んでいたりすると、すかさず優しい言葉をかけたりするタイプ。その反面、「優しいだけで物足りない」「仕事が今一つできない」といった印象も与えがちです。

B を選んだ人……厳しいけれど尊敬されるメンター

からい味付けは、あなたが後輩や部下に「厳しいけれど尊敬できる人」と思われたがっていることを表します。普段から後輩の手本になるように振る舞い、後輩や部下に説教をすることもたびたびのはず。ただそんな自分に酔いしれていると、ただの「口うるさい人」と思われる可能性もあるので、お説教はホドホドに。

Ⓒを選んだ人……何事も淡々とこなす「天才肌」

透明なスープは、あなたが周囲のことをあまり気にしない「天才肌の人」と思われたがっていることを表します。後輩や部下の前で苦労は見せず、「なんか仕事ができちゃうんだよね」なんて態度を取るタイプ。後輩や部下にベタベタしないので嫌われることは少ないものの、「ただの変わり者」なんて思われている可能性も。

Ⓓを選んだ人……カジュアルで「親しみやすい」先輩

濃厚なみそ味の味付けは、あなたが後輩や部下に「親しみやすく楽しい人」と思われたがっていることを表します。後輩や部下には友達感覚で接し、自虐的《じぎゃくてき》な冗談を言ったりすることも多そう。でもその結果、尊敬されず「ナメられてばかり」なんてことになる恐れもあります。

Test 15

けっこう繁盛している寝具店。一番売れている商品は？

古い商店街の中にある、老舗《しにせ》の寝具店。
地味なお店ですが、昔からのお客もいて、
けっこう繁盛しているのだそうです。

このお店で、一番売れているのは、
どんな商品だと思いますか？

A パジャマ

B 枕

C シーツ

D ソファなどに置くクッション

Test 15 診断

選んだ商品によって、あなたの「目上の人にかわいがられる方法」がわかります

古くからのお客がいる老舗の寝具店は、あなたから見た「目上の人の存在」を象徴しています。そこでの売れ筋商品は、あなたが**目上の人にかわいがられるための方法**を暗示しているのです。

A を選んだ人……「デキる部下」を行動でアピール

全身を包むパジャマは、あなたが言葉より行動で、相手に好かれたいという気持ちを表現することを表します。あなたが目上の人に気に入られるには、とにかくキビキビ動いてみせること。特に相手から指示があったことは、自分のことは後回しにしてでも最優先でこなしましょう。それだけで「使える後輩」と思ってもらえます。

B を選んだ人……お世辞でいいからホメたおす！

頭を高くする枕は、尊敬の気持ちの象徴です。あなたが目上の人に気に入られるに

は、お世辞でもいいから先輩のことをホメ、「見習いたいです」と言うのが一番。もともとホメたりするのが得意なあなただから、相手との会話も弾《はず》むようになって、何かとかわいがってもらえます。

Ⓒを選んだ人……アドバイスをもらって「即実行」!

全身を乗せるシーツは、あなたが目上の人に好かれるには、頼ってみせるのが効果的だということを表します。仕事のことでもプライベートなことでも、少しでも困ったことがあったら、相談を持ちかけてみましょう。そしてアドバイスをもらったら、「やってみます!」と素直に受け入れれば、いい関係になれるはず。

Ⓓを選んだ人……「共通の趣味」からプライベートへ立ち入り!

ちょっと腰に当てたり、枕にしたり、様々な使い方ができるクッションは、仕事などではなく、趣味の時間を一緒に過ごすことを表します。先輩や上司と共通の趣味に挑戦するのが、あなたが目上の人に気に入られる近道。趣味に関する情報交換をしたり、一緒にスポーツをしたりすれば、意気投合できるでしょう。

Test 16

ウマがたくさんいる牧場に、1匹だけ紛れ込んだ動物は？

ここは牧場。

ウマがたくさんいる柵の中に、
なぜか1匹、
他の動物が紛《まぎ》れ込んでいます。

それはどんな動物だと思いますか？

A ネコ

B サル

C ヒツジ

D ロバ

Test 16 診断

選んだ動物によって、あなたの
「イライラさせられやすい相手」がわかります

1匹だけ紛れ込んでいる動物は、あなたが無意識のうちに違和感を抱き、**イライラさせられる相手**を表します。

A を選んだ人……タラタラとのろまな「マイペース人間」にストレス！

気まぐれなネコは、自分の思い通りにならない人を表します。マイペースな人を見ると、あなたはイライラさせられそう。知的で「効率」を重視するあなただから、マイペースな人に調子を乱されてしまうのです。特に仕事の場などでは、アドバイスも聞かず自分流のやり方をする人に、ストレスを溜《た》め込んでいるのでは？

B を選んだ人……自分より「切れ者」の人に焦《あせ》りと怒り

人間に近いサルは、あなたが自分より優秀と思える相手に対し、イライラしがちなことを表します。自分の知らない言葉を使っている人や、周囲からホメられている人を見ると、不機嫌になるあなた。もちろんその中には、嫉妬の感情もあるのかもしれません。ただしそんな時も、誰かにホメてもらうと、急に機嫌が直ったりもしそう。

Cを選んだ人……「自分の意見」を言わない人にイラッ！

ヒツジは、おとなしく意思表示をはっきりしない人を表します。あなたの中には「自分の考えはキチンと言うべき」という信念があり、それだけに「私は別に……」なんて言っている人には、イライラしてばかりなのではありませんか？　そうした人には、結論をせかしたりせず、丁寧《ていねい》に気持ちを聞いてあげる姿勢が大切です。

Dを選んだ人……深い考えもなしにマネしてくる相手にムカッ！

ウマに比較的似ているロバは、あなたが自分のマネをする人に、イライラしやすいことを表します。ファッションや趣味など、自分なりに考えて個性を演出しているあなただから、あまり深い考えもなしにマネをする人に、厳しい目を向けてしまうことになるのです。特に後輩が自分と同じ趣味を持ち、同じ道具を使っていたりすると、「あなたにはまだ早い」とイライラしがち。

Test 17

デパートで女の子がおねだり！何を欲しがっている？

4歳くらいの女の子が、
デパートで「あれ、買って！」と
母親におねだりしています。
でもお母さんは、「絶対に買わない」と
聞く耳を持たない様子。
女の子は、どんなものを
おねだりしていると思いますか？

A 華やかなドレス

B すごく大きなぬいぐるみ

C 大人がつける香水

D ブランド物のおサイフ

Test 17 診断

女の子がおねだりしているもので、あなたが
「周囲の人にかけている迷惑」がわかります

女の子のおねだりは、あなたのワガママな言動などで「周囲にかけている迷惑」を象徴しています。選んだ答えによって、あなたが無意識のうちに、**どんな迷惑をまきちらしているのか**がわかります。

A を選んだ人……「自己アピール」が強すぎて煙たがられる

ドレスは、あなたが目立ちたい気持ちが強くて、周囲に迷惑をかけやすいことを表します。例えば気になる異性がいる場面で、自分をアピールしようと人の話に割り込んだり、SNSにいい写真をアップしたくて人の通行の妨《さまた》げになるような場所で立ち止まったり。控えめさや気配りをもう少しアピールするようにしましょう。

B を選んだ人……なんでも「人頼み」でウンザリ

大きなぬいぐるみは、あなたが大きな存在、力強い存在にすぐ頼りたくなることを

表します。あなたは少しでも困ったことがあると、人に頼って迷惑をかけてしまうタイプ。面倒なことがあると、誰かに解決してもらおうとばかりしてはいませんか？また仕事や家事などのグチをこぼすことが多いのも、人気ダウンにつながりますよ。

Ⓒを選んだ人……「無責任発言」に一同唖然

あたりに香りを漂わせる香水は、あなたが無意識のうちに無責任な発言を垂《た》れ流して、周囲に迷惑をかける恐れがあることを表します。友人の秘密をついうっかり他の人に漏らしてしまったり、できもしないことを「大丈夫、大丈夫」と安請け合いしたり。自分の発言が周囲に与える影響を、もう少しだけ考えるようにしましょう。

Ⓓを選んだ人……「もらうばかり」でヒンシュク……

お金を入れるおサイフは、あなたが物やお金のやりとりに関して、周囲の人に迷惑をかけがちなことを表します。友人に借りたものを返し忘れたり、友人に誕生日プレゼントをもらったのに相手の誕生日をすっかり忘れていたり。何かを借りたりもらったりした時は、そのことをメモして、義理堅い人になることを目指しましょう。

Test 18

センサー開閉式のドア、体のどこを近づける？

登録された人だけが
開けることができるドアがあります。

このドアは、横のセンサーに登録された人が
体の一部分を近づけると、開く仕組み。

センサーに近づける体の一部分は、
どこだと思いますか？

A 目

B 顔

C 人差し指

D 手のひら

Test 18 診断

近づける体の部位によって、あなたが「友人の忠告を聞けるタイプかどうか」がわかります

ドアは「あなた自身の心」を、それを開けようとする人物は「友人など周囲の人」を表します。体のどの部分を近づければドアが開くと思ったかによって、あなたが**友人のアドバイスに耳を傾けるタイプかどうか**がわかります。

A を選んだ人……キチンと耳を傾ける「素直タイプ」

冷静な観察力や判断力を表す目を選んだあなたは、信頼できる友人のアドバイスには、キチンと耳を貸すタイプです。そしてその上で客観的に判断し、取り入れるべき意見はしっかりと取り入れることができるでしょう。逆に的《まと》はずれなアドバイスに乗せられることはないので、大きな失敗も少ないはず。

B を選んだ人……言われるがままに流される「従順タイプ」

顔全体を連想したあなたは、友人の意見を無条件に信じ込んでしまう傾向があるよ

うです。自分に自信がないためか、普段からちょっとしたことでも周囲の人にアドバイスを求めたりしがち。そのため友人の影響を受けやすく、はっきりした「自分の意見」をなかなか持てずにいるかもしれません。

Ⓒを選んだ人……かたくなに受け入れない「強情タイプ」

指図《さしず》されることを意味する人差し指を選んだあなたは、負けず嫌いでプライドが高いタイプのようです。そのため人に指示されるのが大嫌いで、友人に役に立つアドバイスをもらっても、逆にそれとは正反対の行動を取ってしまうことも。そのため物事がうまく進まないし、友人との摩擦も生まれやすいので、気をつけましょう。

Ⓓを選んだ人……相手によって態度を変える「長いものに巻かれるタイプ」

手のひらと考えたあなたは、力に弱いタイプです。立場が上だったりする友人のアドバイスには従うけれど、そうでない友人のアドバイスは無視したりしそう。忠告の内容より力関係や肩書きを重視しやすいので、それが判断ミスにつながる恐れもあります。正しいアドバイスかどうか、冷静に分析、判断する姿勢を忘れないこと。

Test 19

ニューオープンしたインテリアショップ、おまけでキッチン小物を一つもらうなら？

新しいインテリアショップがオープン。

そのショップでは開店記念として、
1万円以上の買い物をすると、
4種類のキッチン小物から一つ、
プレゼントしてもらえます。

そのお店で少し高額なものを買ったあなたは、
何をもらいますか？

A 計量スプーン

B キッチンタイマー

C 鍋敷き

D コショウ入れ

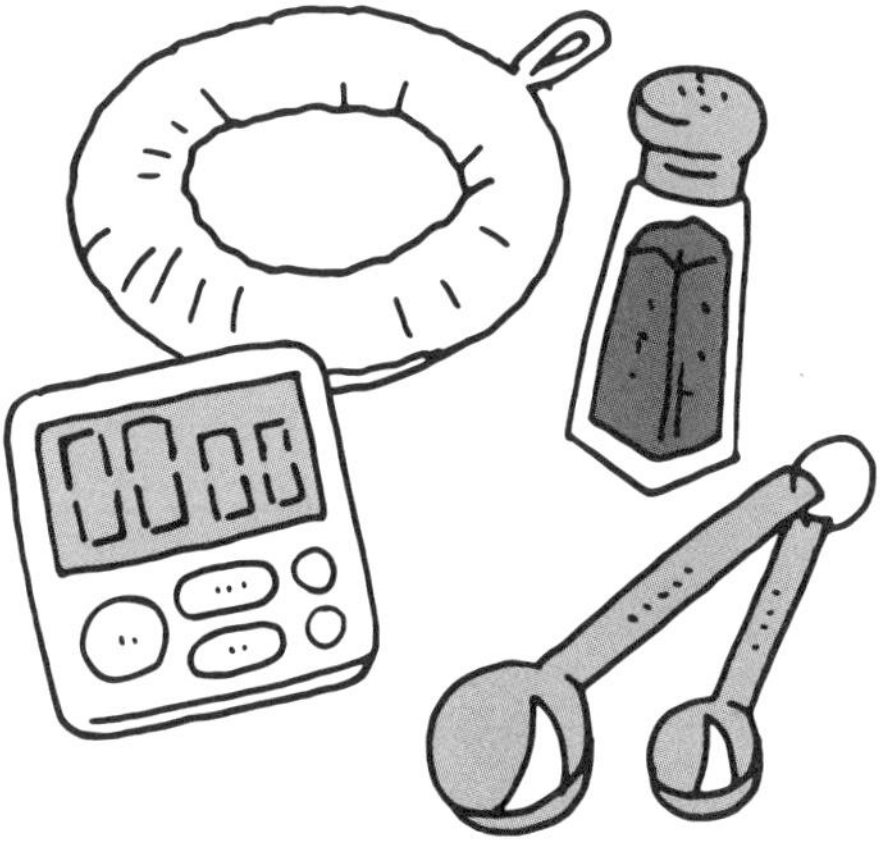

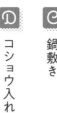

Test 19 診断

キッチン小物に何をもらうかで、あなたの「友達を選ぶ基準」がわかります

毎日のように使うキッチン小物は「身近な存在である友達」を表します。どんな小物をもらいたいと思ったかによって、あなたが**どんなポイントを重視して友達を選ぶのか**がわかります。

A を選んだ人……「生活レベル」の程度に違和感がないか

細かい分量をはかる計量スプーンは、あなたが友達になれそうな人を、細かい生活レベルで選んでいることを表します。外食に行くお店のレベルや、趣味やファッションにどのくらいお金をかけるかなど、生活レベルが同じくらいの人でないと、一緒にいて楽しくないと考えていそう。ぜいたくな人やケチな人には、自然と拒否反応が。

B を選んだ人……時間やお金にルーズな人はNG

時間をきっちり教えてくれるキッチンタイマーは、あなたが友達を選ぶ基準が、

様々な約束を守れるかどうかにあることを表します。秘密を守れる人でないと、リラックスして打ち明け話もできないと考えているあなた。時間やお金にルーズな人も苦手なはずです。

C を選んだ人……「頼りになる人」を選びがち

熱い鍋を乗せる鍋敷きは、あなたの友達選びの基準が、頼れる人かどうかだということを表します。少しでも困ったことがあると、友達を頼りたくなるあなた。どちらかと言うと、親分肌の人に惹かれる傾向がありますが、それだけに自信満々の口調で言われると、友達の言いなりになってしまうこともあるので注意しましょう。

D を選んだ人……刺激的で「自己成長」につながるか

コショウを入れる容器は、あなたが友達に刺激を求めるタイプだということを表します。自分の知らない世界を知っている人、流行に敏感な人に憧れを抱きやすいあなた。友達を通じて、新しい趣味の世界や人間関係を広げたいという気持ちが強いのでは？　ただそのため、交際費などもかさみがちになりそう。

Test
20

お世話になった人へ年賀状。手描きでイラストを添えるなら？

今年お世話になった人に、
手描きのイラストを添えた
年賀状を書こうと思います。

あなたなら年賀状のメインに、
どんなイラストを描きますか？

A 富士山に
初日の出

B 干支《えと》の動物

C 門松

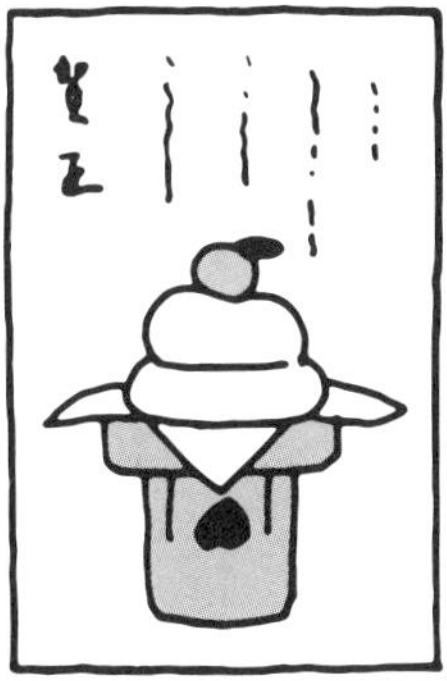

D 鏡餅

Test 20 診断

手描きのイラストに何を選ぶかで、あなたの「どんな人なら尊敬できるか」がわかります

お世話になった人に描く年賀状のイラストは、あなたの「目上の人に対する尊敬の気持ち」を象徴しています。どんなイラストをチョイスするかで、あなたが**どんな人を尊敬するのか**診断します。

A を選んだ人……**「地位」や「肩書き」にひれ伏しやすい**

富士山と初日の出は、みんなが見上げるものであり、あなたが多くの人の尊敬を集めている人を、無条件に尊敬しやすいことを表します。高い地位にいる人や、有名な人だと、それだけで「立派な人に違いない」と思い込みやすいあなた。それだけに、肩書きだけが立派な人に無意識にコビたりしやすいので、気をつけましょう。

B を選んだ人……**「目をかけてくれる人」を慕いがち**

4つの答えの中で唯一の動物は、人情味にあふれた人を表します。あなたは親切で

面倒見がいい人を尊敬する傾向が強いようです。実際に自分が何かと世話になった相手なら、なんとかして恩返しをしようという義理堅いところもあるみたい。ただそうした性格のせいで、会社などでは派閥争いに巻き込まれやすくなる可能性もあります。

C を選んだ人……黙々と仕事に励む人をリスペクト

家の門や玄関などに飾る門松は、あなたがホドホドに地味で、堅実な人を尊敬する傾向があることを表します。どちらかと言えば、いぶし銀の職人タイプで、自己主張もせず、やるべきことはキチンとこなす人を「カッコいい」と思っているのでは？あなた自身もそうした人への憧れから、マジメにコツコツ努力する人になっていそう。

D を選んだ人……ズバリ「お金持ち」を仰ぎ見る

食べ物である鏡餅は、実はお金の象徴でもあります。あなたには単純に、お金を稼いでいるように見える人を尊敬してしまう傾向が。ブランド物で全身を着飾っている人を見て「この人にはきっと何かがあるに違いない」と思ってしまうあなた。単なるミエっ張りの人を尊敬して、失敗することもあるので気をつけましょう。

Column

好きなのに付き合えない「蛙化現象」とは？

近年、ネットなど様々な場所で話題になっているので、「蛙化現象《かえるか》」という言葉を聞いたことがある人も多いでしょう。

誰かのことが好きになれば、片想いの間は積極的にアプローチをしたりするもの。でも相手も自分のことが好きらしいということがわかると、気持ちが急変。一気に愛情が冷めて、相手のことが「気持ち悪い」「生理的にムリ」と感じられるようになる現象です。

蛙に変身した王子を王女が嫌い、冷たくするというグリム童話『かえるの王さま』にちなんで、「蛙化現象」と呼ばれるようになりました。

どちらかと言えば、女性に多いこの現象。皆さんの中にも、この心の急激な変化を体験したことがあるという人がいるのではないでしょうか。

せっかく恋が実りそうな段階まで進んだのに、自ら関係を壊《こわ》すようなことをしてしまい、「このままでは私は、幸せな恋愛ができないかも」と悩むのも、「蛙化現象」の典型的な例です。

実は「蛙化現象」のメカニズムは、心理学的には次のように説明することができます。

恋愛に対する憧れがあり、「恋がしたい」と思っている。

でも相手からも好意を向けられると、キスやその先のこと、あるいは定期的にデートをすることなど、生活の大きな変化が予想される。欠点や恥ずかしい部分を見られて、自分がふられてしまう可能性もある。

そうした不安が潜在意識下で大きくなって、「むしろ自分が相手を嫌いになってしまえば、面倒もなくなる」という結論に到達してしまうのです。

いかがですか。思い当たることはありませんか。
そこであなたがどのくらい「蛙化現象」に陥りやすいかを、次のテストでチェックしてみましょう。当てはまると思う項目の数を、数えてみてください。

《蛙化現象》度診断テスト

□自分の部屋は、正直言ってかなり散らかっている
□ドラマや映画は、ハッピーエンドでなければと思う
□同性の親友がいて、その人となら何時間でもおしゃべりできる
□自分のよさは、初対面の人にはなかなか伝わらないと思っている
□夜寝る時は、基本的にジャージや短パンなど簡単な服装だ
□家でポテトチップスなどスナック菓子をよく食べる
□文字のきれいさには、あまり自信がない

当てはまる項目が5個以上ある人は、「蛙化現象」に陥る可能性がかなり高いタイ

プ。

2〜4個の人は、「蛙化現象」の危険性はあるけれど、それほど高くないし症状も軽くてすむタイプ。

0〜1個の人は、心配がほとんどないタイプと言えるでしょう。

♥「幸せな恋愛」ができる体質になる方法

「蛙化現象」が心配な人は、恋愛を通じて自分自身や自分の生活が変わることへの不安をなくすことが重要です。

そのためには、ちょっと官能的な小説を読んだり、映画を観たりするのも効果的。また、生活のだらしない部分を多少改め、誰に見られても恥ずかしくないライフスタイルを身につけましょう。

それにより「いつ両想いになっても大丈夫。相手も自分のことをきっと愛してくれる」と思えるようになります。片想いがうまくいきそうになったら、それを真の喜びと感じ取れるでしょう。

3章

「隠された才能」を目覚めさせるには

——憧れの仕事、成功への手がかり

Test 21

階段の踊り場にキラリと光るものが！いったい何が落ちている？

階段の踊り場に、
キラリと光るものが落ちています。

いったい何が
落ちていると思いますか？

次の中から、
インスピレーションで選んでください。

A 鏡の破片

B 硬貨

C カギ

D 指輪

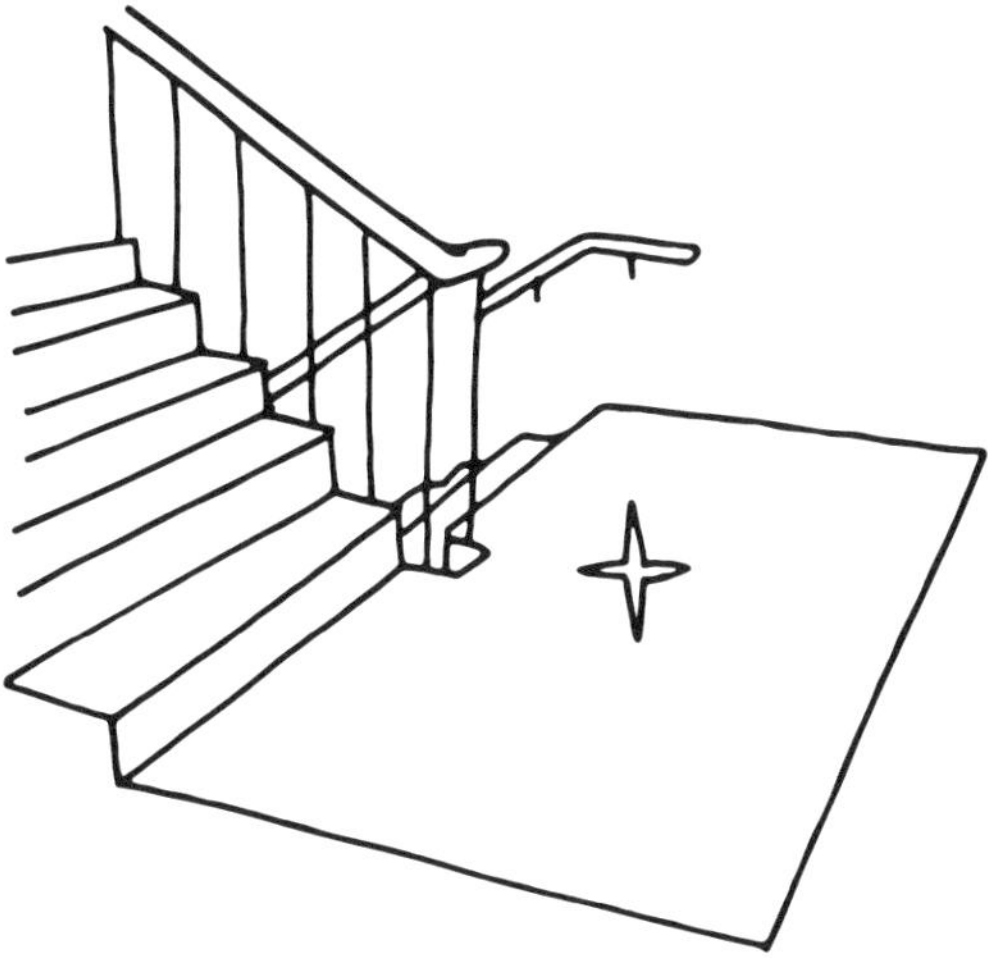

Test 21 診断

落ちているものによって、あなたが考えている

「成功のための近道」がわかります

階段の踊り場は、より高い場所、つまり「成功に向かうための道筋」を表します。そこに落ちていたキラリと光るものは、あなたが心の奥底で**「手っ取り早く成功するために必要」と感じているもの**を象徴しているのです。

A を選んだ人……コツコツと謙虚に「自分磨き」

自分自身の姿を映す鏡は、成功のために自分磨きが必要と考えていることを表します。リッチになったり出世したりするには、まだ自分の能力が足りていないと考える謙虚な部分があるでしょう。ただ、そのため色々な習い事に手を出し、結局どれも身につかないということになる可能性もあります。

B を選んだ人……もう少しツイていれば大成功できるのに……

コインは、運の強さを表します。もう少しツイていれば、自分は大成功できるのに

と考えている、他力本願なタイプ。ツキが訪れるのを待って、全然努力をしないまま、時間だけが過ぎ去ってしまう可能性もあるので、目標に向かって行動を起こすことが大切です。

Cを選んだ人……「実力者とのコネ」こそ最強！

他の部屋に入ったりする時に必要なカギは、あなたが成功のために「コネ」が必要だと感じていることを表します。そのため知り合いを増やしたり、実力者と親しくなったりすることに、全力を傾けそう。でもあまりにもコネを重視しすぎて、人の顔色ばかりうかがったり卑屈《ひくつ》になったりして、ヘトヘトになる恐れもあります。

Dを選んだ人……「周囲からの励まし」があれば頑張れる！

指輪は、家族など身近な人とのつながりを表します。成功のためには家族や恋人の励ましが必要だと考えているタイプ。みんなに励まされるとやる気が湧いてきますが、逆に一人では無気力になってしまうこともありそう。一人でもある程度頑張ることが、成長への近道です。

Test 22

女忍者の強襲！どんな武器で襲いかかってきた？

ある時代劇のお話です。

お城に忍び込んだ忍者が階段をのぼっていると、敵の女忍者（くの一《いち》）が変わったものを武器にして襲いかかってきました。

敵のくの一は、どんなものを武器にしていたと思いますか？

A 先の尖《とが》った箸《はし》

B 子供用の風車《かざぐるま》

C 訓練されたイヌ

D 火のついたろうそく

Test 22 診断

敵のくの一の武器によって、あなたが「成功のために犠牲にしがちなもの」がわかります

お城の階段は、あなたが「成功するための道筋」を表します。そして敵のくの一は、あなたが「成功のためにジャマになる」と考えているものの象徴。選んだ答えで、あなたが**成功するためにどんなものを犠牲にしやすいのか**がわかります。

A を選んだ人……「健康管理」が疎《おろそ》かになって……

食事に使う箸は、健康の象徴。あなたは、成功のために自分の健康を犠牲にしやすいタイプ。ついムリをして睡眠時間を削ったり、食生活の管理が疎かになったりしやすい傾向があるようです。若いうちはそれでもなんとかなりますが、年を取ってから、体にガタが来る可能性も。生活習慣病には十分注意しましょう。

B を選んだ人……「趣味、自分の時間」を後回し

子供用のおもちゃは、あなたが趣味や自由な時間を犠牲にしやすいことを表します。

仕事など人生の目標を実現することに全力投球してはいませんか？　その結果ストレスばかり溜《た》め込んだり、いざ成功してみるとどうしたらいいかわからなくなってしまう「燃え尽き症候群」になりやすい可能性もあるでしょう。

Ⓒを選んだ人……家庭や友達付き合いを省《かえり》みず……

イヌは、家族や友人の象徴です。あなたは成功を手に入れるために、家族や友人を犠牲にしやすい傾向があるようです。理想の家庭を作るための頑張りも、実は家族の気持ちを無視して自分の意向を押し付けているだけだったり。また友達付き合いも後回しにしやすいので、家族や友人と定期的に話し、理解を深める時間を持ちましょう。

Ⓓを選んだ人……「初心」「純粋な気持ち」を犠牲にしがち

火は、プライドを表します。あなたは成功のために、プライドを犠牲にしやすいタイプ。「成功のためなら手段は選ばない」なんて感じで、夢の実現に向かってまい進するあなた。でもその結果、夢を抱いた時の純粋な気持ちをなくしてはいませんか？　定期的に初心を振り返り、美意識とプライドのある行動を。

Test 23

各者各様のフィギュアスケート初心者、最高得点を叩き出したのは？

あるテレビ番組の企画で、
4人のフィギュアスケート初心者が
1カ月猛特訓をして、
対決をすることになりました。

次の4人の中で、
一番高得点を取って優勝したのは、
誰だと思いますか？

A 表現力に自信がある
若手人気女優

B 優雅な動きが武器の
バレリーナ

C ジャンプに自信がある
走り高跳びの選手

D フィギュアに詳《くわ》しい
スポーツコメンテーター

Test 23 診断

誰が優勝したかによって、今のあなたに「一番必要な能力」がわかります

フィギュアスケートの対決で優勝することは「社会的な成功」を表し、誰が成功すると思ったかで、**成功するために必要な能力**がわかります。

Aを選んだ人……懐に飛び込む「愛され力」

若手人気女優は、あなたが周囲の人に「愛される力」が必要だということを表します。目上の人に目をかけてもらって色々なことを教えてもらったり、家庭の中でも自分の意見を通りやすくしたりするには、周囲の人に愛されることが必要。人間的に「かわいい部分」を表に出すことで、多くの人に助けてもらえるようになるでしょう。

Bを選んだ人……ちょっと「立ち止まってみる」心の余裕が必要

優雅な雰囲気のバレリーナは、今のあなたに余裕が感じられないことを表します。何をする時も必死に頑張りすぎて、かえって様々なことがプレッシャーになってしま

っているのでは？　心に余裕を持つことで、ストレスが減り、物事をスムーズに進めることができるようになります。どんなに忙しくても趣味や気分転換の時間を確保して、心豊かに過ごすのが、最終的に物事をうまくやるコツ。

C を選んだ人……考える前に実践の「行動力」

ジャンプは、結果を恐れずに行動を起こすことの象徴です。あなたに必要なのは、ヘンに慎重にならずに勇気を持って飛び込むこと。やりたいことがあっても、「失敗したらどうしよう」なんて考えて、なかなか実行に移れずにいるのではありませんか？　とりあえずやってみることで、様々な発見があるでしょう。

D を選んだ人……情報を収集し、綿密な「人生計画」を

フィギュアに詳しい人は、今のあなたに幅広い知識や情報収集の能力が必要なことを表します。例えば「お金持ちになりたい」といった夢があっても、そのための具体的な方法がわからず、結局夢に近づけないでいるのが、今のあなた。夢に近づく方法を自分なりに調べ、知識をつけることから、すべては始まるのです。

Test
24

海底の女神像、ダイヤモンドが埋め込まれた場所は？

深い海の底から引き揚げられた、女神の像。
この像には、ある場所に、大きなダイヤモンドが埋め込まれていました。
ダイヤモンドは次のうち、どこに埋め込まれていたと思いますか？

A 額《ひたい》の中心
B 開いた右手の手のひら
C 目
D おへそ

Test 24
診断

ダイヤモンドが埋め込まれた場所で、あなたの
「普段隠している最終兵器」がわかります

深い海の底にあった女神像は「普段は隠しているあなた自身の姿」を表します。そしてダイヤモンドは、あなたが「実は自信を持っている部分」の象徴。選んだ答えから、あなたが**いざという場面で出そうと考えている最終兵器**がわかります。

A を選んだ人……**ピンチになったら「頭をフル回転」！**

額は、知性の象徴。いざとなったら頭をフル回転させて、アイデアを出しまくり、どんなピンチも乗り越えられると思っているかもしれません。でも実は発想力や創造力も、普段使わずにいると時代遅れになってしまうもの。ここぞという場面で古臭いアイデアしか出ず、苦労することにならないよう気をつけましょう。

B を選んだ人……**実はバックに「ものすごいコネクション」**

色々な人と握手をする右手の手のひらは、あなたにとっての最終兵器が、有力者と

のつながりだということを表します。普段は自分の交友関係について自慢したりしないあなたですが、意外な大物と知り合いだったりして、ピンチの時には助けてもらえそう。不思議と人に好かれる才能を持っている人です。

Ⓒを選んだ人……「異性懐柔《かいじゅう》」テクニックでピンチ脱出

目は、異性とのコミュニケーション能力を表します。あなたの最終兵器は、周囲の異性が味方になってくれること。ピンチの時には恋愛感情抜きで、異性が何かと助けてくれるでしょう。ただし、普段から異性関係でのちょっとしたトラブルが多いようなので、その点は気をつけて。相手に期待させるような行動を取りすぎない方が。

Ⓓを選んだ人……土壇場《どたんば》に追い込まれたら「リミッター解除」

体の中心であるおへそは、あなたの最終兵器が、がむしゃらさや行動力であることを表しています。普段はそれほど前に出るタイプではないあなたですが、「自分がなんとかしなければ」という場面になると、体の内側からパワーが湧いてきて、どんな難題も意外とスムーズにクリアできるでしょう。

Test
25

女の子が作った、個性的な「てるてる坊主」の特徴は？

小学生の女の子が、
「明日は絶対に晴れてほしいから」と
てるてる坊主を作っています。

「オシャレでかわいいのにする」と
張り切って作っているのは、
ちょっと変わったてるてる坊主。

女の子が作っているのは、
どんな個性的なてるてる坊主だと思いますか？

A 胴の部分がチェックの布に

B 頭に毛糸の髪がついている

C 頭にネコのような耳がついている

D 全体にキラキラしたシールを貼ってある

Test 25 診断

女の子の「てるてる坊主」から、あなたの
「目標達成の方法」がわかります

明日は絶対晴れてほしいと考えて作るてるてる坊主は「夢や目標に向かっている時のあなた自身」を表します。女の子がどんなてるてる坊主を作っているると思ったかで、あなたが**目標を決めた時に、どんな方法で実現させようとするか**がわかります。

Aを選んだ人……「データ分析」から始める理論派

チェックの模様は、冷静さを表します。あなたは夢や目標を抱くと、まず冷静にデータを集めるタイプ。ネットや本で調べたりして、どんな成功例、失敗例があるかを分析するでしょう。客観的に成功の可能性を検討するので、大きな失敗はしませんが、逆に早い段階で「やっぱりムリ」とあきらめてしまうことも多そう。

Bを選んだ人……「トライ&エラー」で情熱的に突き進む

髪の毛は、チャレンジ精神や沸《わ》き立つ情熱を表します。あなたは夢や目標を抱くと、とりあえず実現に向けて行動を起こしてみるタイプ。もちろん失敗することも多いのですが、その経験を糧《かて》にしてさらに挑戦する、不屈の闘志の持ち主です。ただお金がかかる挑戦などは、失敗すると取り返しがつかなくなる可能性もあるので、慎重に。

Ⓒを選んだ人……いったん、身近な人に相談

耳は、人の意見を頼りにすることを表します。あなたは夢や目標を抱くと、まず家族や友人など、身近な人に相談を持ちかけてみるタイプのようです。アドバイスを素直に聞き入れるのは長所でもありますが、自分に自信がなくて、人の言いなりになり、時に利用されてしまう恐れもあります。

Ⓓを選んだ人……「キラキラ輝く自分」をイメージ

キラキラしたてるてる坊主は、あなたが夢見がちな人だということを表します。夢や目標を抱くと、まずは成功イメージを思い切り膨《ふく》らませるあなた。よく言えばそれがイメージトレーニングになりますが、厳しい言い方をすると、夢見てばかりでなかなか具体的な行動を起こせないままということに。しっかり計画を立て、実行を。

Test
26

試験終了後、ガックリ落ち込む中学生。いったい彼に何が？

試験が終わったばかりの中学生が、
机に顔を伏せて
ガックリ落ち込んでいます。

いったい、どんなことが
あったと思いますか？

A テスト中に眠くて居眠りしてしまった

B 答案用紙に名前を書き忘れた

C 友人と答え合わせをしたら、かなり違っていた

D 途中でシャーペンが壊れてしまった

Test 26 診断

落ち込んでいる理由から、あなたの「様々なミスの予防法」がわかります

試験を終えた中学生が落ち込んでいるという状況は「仕事などでの大きな失敗」を表します。選んだ答えによって、**どんなポイントに気をつければ、仕事や勉強などでのミスを予防できるのか**がわかります。

A を選んだ人……ムリは禁物、「体調管理」を万全に

居眠りという答えは、体調の管理が不十分だとミスが増えることを表します。あなたが様々な失敗を予防するには、常に体調に気を配ることが効果的。睡眠時間を確保し、休みの日にはキチンと休養を取っておきましょう。そうすることによって、集中力もキープでき、常に100％の実力が発揮できるようになりますよ。

B を選んだ人……ケアレスミスがないか再度チェックを

名前を書き忘れたという答えは、あなたの様々なミスの原因が、チェック不足にあ

ることを表します。あなたが失敗を予防するには、とにかく時間の許す限り何度でもチェックすることが効果的。チェックリストを作って、最優先で片付けるべきことは何か、やり残したことはないかなど、いつも意識するようにしましょう。

Ｃを選んだ人……優秀な人のやり方を取り入れてみる

友人と答えが違っていたという答えは、優秀な人のやり方を取り入れるのが、ミスの予防に直結することを表します。ミスが少なく、物事をテキパキこなすタイプの友人や先輩がいたら、その人の仕事の進め方などを、さりげなく観察してみましょう。すぐに取り入れることのできるコツが見つかって、あなたのミスもなくなります。

Ｄを選んだ人……「道具新調」で効率アップ！

シャーペンが壊れたという答えは、ミスの予防のためには、道具へのこだわりが必要だということを表します。使い慣れた道具の手入れをしっかりしたり、新しい道具を導入したりしてみては？　家事のミスが多い人は、新しい家電を買うのもいいかも。それにより、ミスが減ってあらゆる物事が思い通りに進むようになるでしょう。

Test 27

秋の味覚を活かした新作ピザ。お客さんに一番人気だったのは？

とあるピザ専門店で、秋の味覚を活かしたピザが4種類、新メニューとしてデビューしました。

この4種類の中で、お客に一番好評で、注文が多かったのはどのピザだと思いますか？

A 栗とベーコンのピザ

B サツマイモとベーコンのピザ

C カボチャとベーコンのピザ

D 3種のキノコとベーコンのピザ

Test27 診断

どのピザを選んだかによって、あなたの**「エネルギー源」がわかります**

秋の味覚として選んだものは、あなたが心の奥底で「これがあれば元気になれる」というもの、つまり**あなたにとってのエネルギー源**を表しているのです。

Ⓐを選んだ人……「刺激的な恋」で生活全体がイキイキ

トゲトゲのイガに包まれた甘い実である栗は、刺激に満ちた恋愛を表します。あなたは、刺激的な恋を体験している時はすごく元気になって、何事にも頑張れるタイプ。恋を体験と言っても、実際に付き合う必要はなく、誰かに片想いをする状態も含まれます。片想いの相手が芸能人やスポーツ選手などでも構いません。

Ⓑを選んだ人……「家族の愛情」が心の支えに

地中になっているサツマイモは、完全にプライベートの存在、つまり家族を表します。あなたは家族の愛情があれば、それをエネルギー源にして頑張れるタイプ。もともと誰かのために行動するのが大好きで、頼られると張り切ってしまうことが多いのではありませんか？　ただそれだけに、家族のために色々してあげたのに、感謝されないと、空《むな》しくなってしまうことも。

Ⓒを選んだ人……「承認欲求」が満たされれば◎

ハロウィンのシンボルに使われるカボチャは、社会的な評価を欲する気持ちを表します。あなたにとって重要なエネルギー源は、みんなにキチンと評価されること。働いている人なら、職場でホメられたりするだけでも、一日幸せな気分でいられます。そうでない場合も、趣味の世界やネットの世界で、注目されることが生きがいに。

Ⓓを選んだ人……ハマっている「映画やアニメ」で心を浄化

『不思議の国のアリス』などにも登場するキノコは、ファンタジックな空想世界を表します。あなたは、現実の世界よりも映画やドラマ、小説などの空想世界が元気の源になるタイプ。感動的な映画を観れば元気が湧いてきて、仕事や家事も頑張れるようになるのでは？　感想を一緒に語り合う仲間が見つかると、さらに元気も高まります。

Test 28

新しいバッグを買う時、最も後回しにする条件は？

毎日使うバッグを
新しく買い換えようと思います。

バッグを選ぶ時、
大きさや収容力以外の次の４つのうち、
どの条件を最後に考えますか？

最も後回しにしやすい条件を、
答えてください。

A ブランド

B 価格

C デザイン

D 軽さや
持った時の感じ

Test 28 診断

選んだバッグによって、あなたを待ち受ける
「仕事や家事の落とし穴」がわかります

毎日使うバッグは、あなたの「仕事や勉強、家事などへの取り組み」を表します。4つの中で軽視しやすい条件は、あなたが**仕事や家事などに関して、陥りやすい「落とし穴」**を暗示しているのです。

Aを選んだ人……「自分のやり方」にこだわるのもホドホドに

ブランドは、周囲の評価や反応を表します。ブランドを軽視するということは、あなたが周囲の反応を気にせず、自分だけの価値観にこだわりやすいことを表します。そのため、仕事の優先順位を間違えたり、部下や後輩の指導に失敗したりするかも。周囲の空気を読んで、みんなに喜ばれるような仕事や家事の進め方を工夫しましょう。

Bを選んだ人……価格情報・効率を事前に要確認!

値段を軽視するということは、あなたが能率や効率といったものを無視しやすいこ

とを表します。仕事でも家事でも、リサーチ不足で高価な道具を買い込んだり、細かいことにこだわりすぎて予定が狂ったりしやすいようです。まず何をいつまでにこなすかという大きなプランを立てて、物事を能率よくこなしていきましょう。

Ⓒを選んだ人……結果に執着しすぎない「余裕のある姿」を意識

デザインにあまりこだわらないという答えは、その反面、結果や数字にこだわりすぎて、仕事や家事を進める上での「優雅さ」に欠けやすいことを表します。余裕のある振る舞いは、周囲の信頼を得るために大切ですが、あなたはつい焦って汗だくの必死な姿を人に見られてしまいそう。人目があるところでは、優雅な態度でいた方が。

Ⓓを選んだ人……「オーバーワーク」でストレスが限界に

軽さや持った感じを軽視しやすいという答えは、あなたが頑張ればなんでもできると思い込みやすいことを表します。その結果、色々なことを引き受けすぎて、オーバーワークになりやすいタイプ。体調を崩してからでは元も子もないので、仕事でも家事でも一人でこなそうとせず、可能な範囲で周囲の人に助けてもらいましょう。

Test 29

遠くに見える打ち上げ花火。その打ち上げ場所は？

イメージしてください。

遠い山の向こうで、
大きな花火が打ち上げられています。

あの花火の下には、
どんな土地があると思いますか？

A 港町

B 農村

C 温泉地

D ビル街

Test 29 診断

花火が打ち上げられる場所によって、あなたの
「将来お金持ちになるきっかけ」がわかります

遠くで打ち上げられた花火は「未来における経済的な成功」を暗示しています。その下にどんな土地があると思ったかによって、あなたが深層心理の中で考える、**お金持ちになるきっかけ**がわかります。

A を選んだ人……「最新情報」をいち早くキャッチして活用

船が行き来する港は、様々な情報のやりとりを表します。あなたは、お金持ちになるためには、新しい情報を手に入れ、それを活用することが不可欠と考えるタイプ。新しいビジネスや投資などをするにしても、できる限り多くの情報を集めるでしょう。ただ、価値のない情報に振り回されやすい点にはやや注意が必要かも。

B を選んだ人……「日々倹約」でコツコツ貯金

地道な労働の場である農村を選んだあなたは、お金持ちになるためには、あくまで

も自分の努力が大切と考えるタイプ。コツコツと貯金し、しっかり節約に励んで、最終的にはけっこうな資産を築けるでしょう。ただリスクを恐れるあまり、効率が悪くなる恐れもあるので、貯蓄方法などについて、ある程度の研究は必要かもしれません。

Cを選んだ人……「金運アップ」で起死回生！

温泉地を選んだあなたは、心の奥底でお金持ちになるには「運」が必要だと考えているタイプ。一発勝負のチャンスを狙うばかりで、地道な努力をあまりしないので、結果的にはなかなかお金が貯まらないということになりそう。壮大な夢を追いすぎて大失敗する可能性もあるので、お金をキチンと管理し、堅実さも身につけましょう。

Dを選んだ人……「人脈作り」がビジネス成功の源

多くの人が行き交《か》うビル街は、「人脈」を表します。確かに有力者に気に入られて、ビジネスがうまくいったりする可能性はありますが、あまり損得で人間関係を考えると、かえって周囲の信頼を失う可能性も。損得勘定を越えた人間関係を築くことが、あなたの将来をより豊かにしてくれるはず。

Test 30

満開の桜を見上げる1匹のイヌ。この次に取った行動は――

1匹のイヌが、
ちょこんとお座りして
満開の桜を見上げています。

このイヌはこの後、
どんなことをすると思いますか？

A 木にのぼろうと頑張る

B ふってきた桜の花びらにじゃれつく

C 前足で地面を掘る

D 「ワオーン!」と鳴く

Test 30 診断

イヌが取った行動によって、あなたが
「今挑戦したいと思っていること」がわかります

満開の桜の下にいるイヌは、「新たな季節を迎え新鮮な気分でいるあなた自身」を表します。このイヌが何をしたと思ったかによって、あなたが心の奥底で、**今どんなことに挑戦したいと思っているのか**がわかります。

A を選んだ人……「仕事や勉強」に全力投球したい!

高いところに行こうとする行動は、あなたが今、高い目標に向かって頑張りたいという気持ちを持っていることを表します。そんなあなただから、仕事や勉強などに燃えているのではありませんか? この勢いを活かし、仕事や勉強に全力投球すれば「デキる人」として尊敬を集める存在になれる可能性も。

B を選んだ人……「新しい趣味」の開拓に意欲満々!

桜の花びらにじゃれつくという答えは、あなたが新しい楽しみを見つけたいと思っていることを表します。今のあなたは好奇心が旺盛で、フットワークも軽くなっているはず。挑戦したい趣味があったら、サークルに加入してみたり、友人と一緒に挑戦してみては？　毎日が今まで以上に充実したものになるはず。

Ⓒを選んだ人……今は「しっかり貯蓄」の時！

地面を掘るという行動は、動物にとって食べ物を探す行動に通じるものです。この答えを選んだあなたは、節約や貯金に励みたいという願望を持っているはず。毎月の予算を組んで、ムダをなくすようにすれば、かなりのお金を残せるようになるかもしれません。貯金が増えることで気持ちにも余裕が生まれてきます。

Ⓓを選んだ人……「友達」を増やしてプライベート充実！

鳴くという答えは、周囲とのコミュニケーションを表します。あなたは今、新しい友達を作ったりして、交友関係を広げることに挑戦したいと思っているはず。気が合いそうな人を見つけたら、自分から積極的に話しかけていきましょう。ヘンにコビたりせず自然な笑顔を心がければ、親友もできて楽しい毎日に。

Column

実はあなたの周りにも「サイコパス」が⁉

様々な犯罪捜査ドラマや、サスペンス映画などで取り上げられ、多くの人が知ることになったのが、「サイコパス」と呼ばれる人々です。

諸説ありますが、サイコパスは、男性の3％、女性の1％くらいの割合で存在すると言われています。

その主な特徴をもとに作成したのが、次のチェックテストです。

《サイコパス》度診断テスト

□共感性の欠如《けつじょ》……身近に泣いている人がいても、その理由がわからないし、そもそも人の気持ちに関心がない。

□口が達者……いわゆるコミュ障とは正反対。堂々とした態度で発言し、一種のカリスマ性を持っているケースも多い。
□欲望が強く、刺激を求める……自分自身の欲求に正直で、行動的。そのため性関係に関しても放埓《ほうらつ》で、複数の相手と交際することも。
□平気で嘘をつき、罪悪感を持たない……平然と嘘をつくし、嘘で周囲の人をコントロールしようとする。

あなたの周囲に「この人、サイコパス？」と思える人がいたら、この項目にいくつ当てはまるかを調べてみましょう。4個すべてに当てはまるなら、サイコパスの可能性は濃厚。3個でもかなり怪《あや》しいです。

こうした特徴は競争の場では強烈な武器になることも多く、うまく立ち回ったサイコパスが集団のリーダーになって権力を手に入れることもしばしばあります。いわゆるブラック企業の経営者のイメージですね。

しかしそれだけでなく、例えば大学のサークル活動などで、異性に次々と手を出すサークル・クラッシャーになったりする可能性もあります。

いわばサイコパスは、おとなしい草食動物の群れに紛れた肉食獣のようなもの。しかも抜け目がないタイプなら、草食動物になりすまし、周囲の人を次々と毒牙《どくが》にかけていくかもしれません。

皆さんの周囲には、こうした「サイコパス的な気質」を持った人はいませんか？もし実際にそんな人がいても、ムリに相手と対決しようとしたり、説得して反省を促《うなが》そうとしたりしないこと。

むしろあなたが相手から洗脳されたり嘘に振り回されたり、つらい思いをすることになるでしょう。

サイコパスに深入りするのは禁物。適切な距離感を持って、いつでもフェードアウトできるよう用心しておくのが一番です。

〝毒牙を持つ相手〟からうまく逃げる方法

また、万一サイコパスの人と恋人関係になってしまったら。

サイコパスはいつもニコニコと人懐《ひとなつ》っこいし、上辺は優しい態度を見せるため、気がつかずに付き合ってしまう可能性も十分考えられます。

でも実際は浮気をバンバンするし、嘘で言いくるめてくるし、場合によっては、あなたからお金を巻き上げようとするかもしれません。

そんなサイコパスからは、一気に連絡を絶ってしまうのも一つの方法です。

ただ、相手が同じ学校の人や同僚といった「関係を完全に断つのが難しい」場合には、あなたの味方になってくれる人をしっかり確保しておくのがいいでしょう。

できれば多くの人を味方にしておいた方が、効果的です。

そして普段から、サイコパスの人について相談し、情報を共有しておきましょう。

サイコパスが苦手なのは、「すべてを見透かしているような人物」と「自分に味方がいない環境」です。味方を増やしておくことで、相手の方から自然と去っていってくれることでしょう。

4章

あなたの「恋愛偏差値」はどれくらい？

——異性との関係、パートナーシップのゆくえ

Test 31

時代物の恋愛小説がベストセラーに！表紙はどんなデザイン？

江戸時代を舞台にした恋愛小説が、ベストセラーになりました。

この本の表紙は、どんなデザインだと思いますか？

次の中から選んでください。

A シンプルに文字だけ

B 浮世絵ふうの絵柄で悩む主人公

C たくさんの登場人物のイラスト

D 豪華な和服の写真

Test 31 診断

恋愛小説の表紙によって、あなたの
「秘密の恋愛妄想」がわかります

ベストセラーになった恋愛小説は、あなたがハマりやすい「恋愛に関する妄想《もうそう》」を表します。選んだ答えによって、あなたが**人知れず、どんな恋愛妄想にひたっているのか**がわかります。

A を選んだ人……〞Sっ気たっぷり〞に相手を振り回したい！

文字だけという答えは、あなたが、自分の意見がなんでも聞き入れてもらえるような恋愛を妄想していることの象徴です。相手にワガママな要求をしたり、ちょっとSっぽく振る舞ったりすることを考えていそう。相手の困った顔やおびえる顔に萌える傾向があります。

B を選んだ人……誰にも言えない〞アバンチュール〞を楽しみたい！

苦悩する主人公は、あなたが少し危険な恋愛の妄想を膨らませていることを表します。誰にも言えないような秘密の恋に、心惹かれることも多いでしょう。実際に行動するかどうかは別にして「こんなことをしてはいけない」というのが、刺激になって興奮してしまうタイプ。

Ⓒを選んだ人……「モテすぎて困っちゃう♡」を妄想

たくさんの登場人物は、モテモテになってみたいという願望を表します。多くの魅力的な異性に囲まれて、次々迫られるという妄想にふけりがちなタイプ。一人の相手では満足できない、欲張りな人と言えます。ただその妄想を実行に移すととんでもない事態になる可能性も。

Ⓓを選んだ人……ジャブジャブ貢《みつ》がれる「セレブ恋愛」への憧れ

カラフルな和服は、あなたが豪華なプレゼントやリッチな生活に憧れていることを表します。異性との恋愛を通じて、新しい生活を手に入れるのが、あなたのお気に入りの妄想パターンのようです。あなたが女性なら、ドバイの大富豪に愛されて……なんて考えているのでは？

Test 32

2匹の熱帯魚が泳ぐ水槽。新しく生き物を入れるとしたら？

イメージしてください。

水槽に、熱帯魚が2匹、泳いでいます。

この水槽に新しく別の生き物を入れようと思います。

あなたなら、どんな生き物を入れますか？

A 別の熱帯魚

B イソギンチャク

C 貝類

D タツノオトシゴ

Test 32 診断

新しく入れる生き物から、あなたの
「浮気相手がどんな人か」がわかります

水槽に最初からいる2匹の熱帯魚は「あなた自身とパートナー」を表します。そこに新しく入れる生き物は、あなたが興味を持ちやすい相手、つまり「浮気相手」を表すのです。選んだ答えで、**あなたが浮気をするなら、どんな人を選ぶか**がわかります。

A を選んだ人……結局は「パートナー」と似ている人

別の熱帯魚は、あなたが浮気相手に関して、パートナーと似ている人を選びやすいことを表します。パートナーに不満があったとしても、結局は同じようなタイプの人と付き合うことになってしまう傾向があります。その方があなた自身も、安心して浮気に走ることができるのです。

B を選んだ人……グイグイ迫られるとイチコロ

魚を食べるかもしれないイソギンチャクは、あなたが積極的・情熱的に迫ってくる相手に弱いことを表します。浮気をするつもりはあまりなくても、積極的に迫られるうちに、「1回くらいなら」とデートに応じてしまうこともありそう。強引さがあれば、相手の見た目やリッチ度は気になりません。

C を選んだ人……「地味だけど優しい人」に心を許して……

硬いカラに守られた貝類は、あなたが比較的地味な相手を浮気の対象に選びやすいことを表します。スリルや楽しさより、安心感を求めるタイプ。パートナーとケンカしている時に慰《なぐさ》められたりすると、心を許してしまいそう。そんな相手の方が、あなたが主導権を握れるメリットも。

D を選んだ人……「ルックスがいい人」につい一目惚れ

繊細で独特のフォルムのタツノオトシゴは、あなたが浮気相手を、ルックスで選びやすいことを表します。長く付き合う相手ではないから、むしろルックス優先で選ぶということでしょうか。スタイルも重要なポイントになるでしょう。そんな相手なら、お金を貢いでしまうこともありそう。

Test 33

ピンク一色のお店が間もなくオープン! いったいどんなお店?

商店街に、新しいお店が建設中。

このお店、ピンクの壁にピンクの看板が特徴のようです。

どんなお店ができると思いますか?

A 花屋さん

B ケーキ屋さん

C マニアックな書店

D 子供服店

Test 33 診断

どんなお店と思ったかで、あなたが「出会いたいと思っている異性のタイプ」がわかります

新しくできるピンク色のお店は、「異性との出会いへの期待感」を象徴します。どんなお店をイメージしたかによって、恋愛に限らず、**仕事仲間や友人なども含め、あなたがどんな異性と出会いたいと思っているのか**がわかります。

A を選んだ人……とにかく「ルックスがいい」人

美しい花を扱うお店は、あなたが心の奥底で、見た目がいい異性との出会いを期待していることを表します。下心はあまりないにしても、ルックスがいい異性が身近にいると、不思議とやる気が湧いてくるタイプ。相手にいいところを見せようと、張り切ったりしそうです。

B を選んだ人……ワガママを全部聞いてくれる「都合のいい異性」

食欲を刺激するケーキのお店は、「本能的に振る舞いたい」「ワガママになりたい」

という欲求を表します。あなたが出会いを求めているのは、自分のワガママを受け入れてくれそうな、言いなりになる異性。そうした異性と知り合えたら、どんどん仕事や用事を言いつけて、王様気分、女王様気分を味わいたいと思っていそう。

Ｃを選んだ人……なんでも相談に乗ってくれる「女房役」

書店は、自分に知識や新しい情報を与えてくれる異性の存在を表します。あなたが出会いたいと思っているのは、いい相談相手になってくれる異性。色々と迷ったり考え込んだりしやすいあなただから、異性の的確なアドバイスが欲しいという場面も多いのでしょう。逆に言うと、今身の回りに、そうした異性がいないのかもしれません。

Ｄを選んだ人……元気ハツラツでハイテンションな人

子供服店は、あなたが元気いっぱいで行動力のある異性との出会いを求めていることを表します。そんな異性にあちこち引っ張りまわされ、新しいことを体験したいという思いが強いあなた。今は変化の少ない日常生活に、やや疲れているのかも。出会いを求め、新しい趣味を始めたりするのもおすすめです。

Test 34

旅先で泊まるホテル、あなたにとって理想の部屋は？

ちょっとした旅で、
ビジネスホテルに泊まることにしたあなた。
宿泊するホテルの候補は、
次の４つです。

値段が同じだとしたら、
あなたはどのホテルに泊まりますか？

A 朝食が豪華なホテル

B バスルームが大理石のホテル

C ベッドが一流ブランドのホテル

D 窓からの景色が最高のホテル

Test 34 診断

泊まるホテルから、あなたが
「異性からのどんなアプローチに弱いか」がわかります

あなたが泊まるホテルは、あなたを包み込む存在、つまり「異性」を表します。どんなホテルに泊まりたいと思ったかによって、あなたが**異性からのどんなアプローチを受け入れやすいのか**がわかります。

Ａを選んだ人……「さりげない親切」がじんわり嬉《うれ》しい

食事は、相手からの奉仕《ほうし》を表します。あなたは、異性から親切にされると、自然と相手のことが好きになってしまうタイプ。相手が自分のためだけに気を遣い、動いてくれるのが、快感なのです。風邪《かぜ》などで体調が悪い時に気遣ってくれたりする相手がいると、いっぺんに恋に落ちてしまいそう。

Ｂを選んだ人……「ボディタッチ」に思わずドキッ！

裸で入るバスルームは、あなたがボディタッチ系のアプローチに弱いことを表します。人間には無意識のうちに人と適切な距離を取る傾向がありますが、その距離を一気につめて、自分のテリトリーにグッと入り込んでくる人に、ドキドキするタイプ。やたらと近い距離で話しかけられたり、ふと腕に触《ふ》れられたりすると、恋に落ちそう。

Ⓒを選んだ人……「直球の告白」にグッとくるタイプ

ベッドは、あなたがストレートな意思表示を求めるタイプだということを表します。比較的警戒心の強いあなたは、さりげないアプローチにはなびかないタイプ。はっきり言葉に出して「付き合いたい」と言われた時に、相手を意識する……といった感じです。何度も「好き」と言われれば、だんだんその気になりそう。

Ⓓを選んだ人……ムーディな雰囲気で言い寄られると陶酔

窓からの景色は、あなたが何よりも雰囲気重視のタイプだということを表します。そんなあなただから、ムーディな場所でのアプローチに、人一倍弱い傾向があります。夜景のきれいな場所やオシャレな雰囲気のバー、水族館などに誘われて迫られたら、相手がものすごく好みのタイプでなくても、ついOKしてしまいそう。

Test
35

ネコの写真コンテスト、どんな瞬間を撮影する？

かわいいネコの写真を撮って、
コンテストに応募したいと思います。

あなたはネコの、
どんな写真を応募しますか？

A 眠っている写真

B ジャンプしている写真

C 窓の外を見ている写真

D ジッとこちらを見つめている写真

Test 35 診断

どんなネコを撮ったかで、あなたの
「意識している異性の前での変化」がわかります

ネコの写真は、あなたの中にある「異性の前で自分をアピールしたい」という気持ちを象徴しています。選んだ答えによって、あなたが**意識している異性の前で、どんな発言や行動を取るのか**がわかります。

Ⓐを選んだ人……〝無防備を装って〟誘惑

眠っている写真は、意識している異性に対し、あなたが無防備な面を見せることを表します。仕事などで悩んでいるフリをしたり、風邪を引いたように見せたりして、気になる相手に少し甘えてみることが多いでしょう。そして相手が親切にしてくれたら、さらにプライベートな相談をしたりして、反応を探りそう。

Ⓑを選んだ人……張り切りすぎて空回り？

ジャンプしている写真は、あなたが気になる異性が近くにいると、やたらとウキウキしてしまうタイプだということを表します。つい陽気になって、普段は言わない冗談を言ったり、はしゃいでみせることが多そう。「楽しい人」と思ってもらえればいいけれど、逆に「軽いだけの人」と誤解されることもあるので、注意が必要です。

Ⓒを選んだ人……好きバレを恐れて素っ気ない態度に

窓の外を見る写真は、あなたが意識している異性が近くにいると、つい気取ってしまうタイプだということを表します。そのため発言や行動もどこかクールな雰囲気になりそう。その場にいる全員でワイワイ盛り上がっていても、一人だけ話の輪からはずれてみせたり。「孤独な自分」を演出することで、相手の気を引こうと頑張ります。

Ⓓを選んだ人……「チラ見」しすぎて好意がバレバレ!?

こちらを見つめる写真は、文字通り、あなたが意識している異性のことを、まずジックリ観察しようとするタイプだということを表します。そのため相手のことをチラチラ見すぎて、かえって「気味が悪い」と思われる危険性もありそう。また視線の動きから、第三者に「あの人が好きなんでしょ」とバレる恐れも。

Test 36

有名人としてサインを求められた！何を使って書く？

あなたは有名人。
ある飲食店で食事をしたら、
色紙にサインを頼まれました。

ところが、
手頃な黒のサインペンがありません。

代わりに使えそうなのは、次の4種類。
あなたならどれを使って、
色紙にサインを書きますか？

A 水色のサインペン

B 細い文字の普通のボールペン

C 絵筆と絵の具

D 金色のサインペン

Test 36
診断

選んだ筆記用具によって、あなたの
「モテ期が来た時の行動」がわかります

有名人としてサインを求められる……という状況は、「人気が高まり、モテ期がやってきたこと」を表します。そんな中で、どんな筆記具を使うかによって、あなたが**モテ期にどんな行動に走りやすいのか**がわかります。

Aを選んだ人……**取っかえ引っかえで浮気しまくり！**

明るい色の水色のサインペンは、モテ期を迎えたあなたが、物事を深く考えず、毎日を楽しんでしまうことを表します。今楽しまなければ損、という感じで、異性からのアプローチを次々受け入れたりして、けっこう浮気してしまいそう。その結果、モテ期が終わった後には、全員に愛想を尽かされてしまう……なんてことも。

Bを選んだ人……**奥手な性分からモテ期をムダに**

細いペンは、モテ期が訪れた時のあなたが、それでも自分に自信が持てず、戸惑ってしまうことを表します。その結果、「私なんてそんな……」と異性の誘いを次々断り、せっかくのモテ期を何もしないまま終わらせてしまいそう。せめて本当に好きな相手にだけは、自分から積極的に行動した方が、後悔しない結果が残せるでしょう。

C を選んだ人……じっくり本命にアプローチ

やや時間や手間がかかりそうな絵筆と絵の具は、あなたがモテ期を迎えた時に、本命の相手を落とすことに全力投球することを表します。もともとあまり目移りしないタイプのあなただから、モテ期になっても、好きな相手との距離を縮めようと頑張るでしょう。その結果、大きな成功を手に入れる可能性もかなり高いはず。

D を選んだ人……「また告白された」とみんなにモテ自慢

金色のペンは、虚栄心の強さを表します。あなたはモテ期が訪れると嬉しくなって、つい自慢に走りやすいタイプ。しかも実際には異性にちょっと話しかけられただけなのに、「相手に誘われた」「しつこくて困っちゃう」などと大げさに話して、周囲を呆《あき》れさせることもあるかもしれません。

Test 37

遠い星からやってきた宇宙人——どんな姿をしている？

あるSF映画のお話です。

宇宙人が地球にやってきましたが、
言葉がうまく通じず、
やがて去っていってしまいました。

この宇宙人は、
どんな姿をしていたと思いますか？

A タコ型

B 人間型だが
脳がすごく大きい

C 巨大で筋肉ムキムキ

D カブトムシのような昆虫型

Test 37 診断

宇宙人の姿によって、あなたが**「引いてしまう異性の言動」がわかります**

言葉が通じない宇宙人は、あなたが「理解できないと思う異性の存在」を表しています。選んだ答えによって、あなたが**どんな異性の言動に引いてしまいやすいのかが**わかります。

Aを選んだ人……「遊び人」はこちらから願い下げ

たくさんの足があるタコ型の宇宙人は、浮気っぽい言動を表します。恋人がいたり、結婚したりしているのに、他の人にちょっかいを出したりする異性がいると、あなたは一気に引いてしまうタイプ。あなた自身、自分のパートナーの浮気っぽい言動を許せないと思うことが多いのでは？

Bを選んだ人……「理詰めタイプ」に心底ウンザリ

脳が大きい宇宙人は、理屈っぽい発言を表します。最近はロジハラなどという言葉もありますが、あなたは異性から理屈っぽいことを聞かされると、それが正論でも相手を嫌いになってしまう傾向あり。上から目線でアドバイスをされると、それだけで相手に反発し、反抗的な態度を取ってしまうことも。

Ⓒを選んだ人……「自己中心的」な振る舞いにドン引き

巨大で筋肉ムキムキの宇宙人は、ワガママな発言や行動を表します。自分の意見ばかり通そうとしたり、面倒なことを人に押し付けようとしたりする異性には、いっぺんに気持ちが冷めてしまうあなた。恋愛関係でも、相手から一方的に色々と要求されると、それが原因でケンカになることも。

Ⓓを選んだ人……「反応が薄い人」はつまらない

硬いカラに覆《おお》われた昆虫型の宇宙人は、自分に対し、心を開いてくれない異性を表します。せっかくこちらから話しかけても生返事ばかりだったりする人には、たちまち興味がゼロになってしまうタイプ。でも相手は単に、緊張しているだけかもしれません。もう少しだけ長い目で、相手を優しく見守ってあげてはどうですか？

Test 38

動物園のライオンが話題に――いったい何で遊んでいる？

動物園でのこと。

1頭のライオンが、
あるものでいつも熱心に遊んでいる姿が
話題を集めています。

このライオンは、
どんなもので夢中になって
遊んでいると思いますか？

A 木に吊《つ》るしたタイヤ

B 丈夫で大きいバランスボール

C シマウマのぬいぐるみ

D 鳴き声に反応して動くロボット

Test 38 診断

ライオンが遊んでいるものによって、あなたが「愛する人にしてあげたいこと」がわかります

百獣の王と言われるライオンは、あなたにとって「憧れの存在、気になる人」を表します。そのライオンが遊んでいると思うものは、あなたが好きな人に提供したいもの、つまり**愛する人に何をしてあげたいのか**を表しているのです。

Ⓐを選んだ人……相手のためを思って時には厳しく

木に吊るしたタイヤは、高い場所に飛びついて遊ぶように、相手を成長させたいという気持ちを表します。あなたは好きな人、愛する人の成長を願って、色々とアドバイスをしたくなるタイプ。時には心を鬼にして、仕事などに関して叱咤《しった》激励することもありますが、相手を追い詰めてしまうこともあるので、ホドホドに。

Ⓑを選んだ人……趣味やスポーツを一緒に楽しみたい!

ストレッチなどに使うバランスボールは、プライベートな時間を一緒に楽しみたい

という気持ちを表します。あなたは好きな人、愛する人の趣味やスポーツのパートナーになってあげたいと考えるタイプ。趣味の内容などは相手に合わせるあなたですが、好きな人が一人で楽しみたいと思っている場合には、ムリに同行しない方が。

Ⓒを選んだ人……とことん尽くしたいタイプ

ライオンにとっての食べ物でもあるシマウマのぬいぐるみは、あなたが愛する人の食事なども含め、身の回りの世話をしたいと思っていることを表します。好きな人のために料理をしたり、あなたが料理しないタイプの場合は、一緒に外食に出かけたり。相手より収入が多い場合は、相手のためにお金を使うことも喜びと感じるでしょう。

Ⓓを選んだ人……「聞き役」になって相手を励まし癒やしたい！

声に反応するロボットは、あなたが好きな人、愛する人の話の上手な聞き役になって、会話を盛り上げたいという気持ちを表します。冗談に笑ったり、相手が元気がない時は励ましたりすることが、あなたにとっての愛情表現なのです。その意味では、典型的な癒やし系の人と言えるでしょう。

Test 39

3文字「しりとり」。相手の「はがき」にどう返す?

気になる人と、なぜか3文字言葉限定のしりとりをすることになったあなた。

相手が「はがき」と言ったので、あなたは「き」で始まる3文字の言葉を言わなければなりません。

あなたなら次の4つのうち、どの言葉を言いますか?

A きせつ（季節）

B きんこ（金庫）

C きいろ（黄色）

D きせき（奇跡）

Test 39 診断

どの言葉を選んだかによって、あなたが
「好きな人に言われたい言葉」がわかります

気になる人とのしりとりは、「好きな相手との会話」を表します。その中であなたが言う言葉は、実は**好きな相手にどんなふうに思われたいのか、どんな言葉でホメられたいのか**を反映しているのです。

A を選んだ人……「その●●、センスいいね！」

「季節」は、ファッションと密接に結びついているものです。この答えを選んだあなたは、好きな相手に「センスがいい」「オシャレ」と言われたいタイプ。髪型を変えたりすると、相手に「気づいてほしい」などと思うことも多いでしょう。また好きな人のコーディネートにも、何かとアドバイスしたい傾向もありそう。

B を選んだ人……「すっごくセクシーだね」

大切なものをしまっておく「金庫」は、ミステリアスな魅力を感じてほしい気持ちを表します。そんなあなただから、「セクシーさを感じる」といったホメ言葉を言われたいみたい。自分の魅力で相手を振り回したい気持ちが強いあなたですが、それがいきすぎると、ワガママな印象を与えてしまうこともあるのでホドホドに。

C を選んだ人……「とってもかわいいよ」

「黄色」は子供っぽさの表れであり、あなたが「かわいい」といったホメ言葉に弱いことを表します。何歳になっても、子供のように相手に甘えたい気持ちが強いのかもしれません。ただ、いつでもどこでも子供っぽく振る舞っていると単なる「頼りない人」になってしまうので、時には大人っぽい面や知的な面を見せることも必要です。

D を選んだ人……「私たちの出会いは運命だね」

「奇跡」はまさに運命の出会いを感じさせるものであり、あなたがそうした表現に弱いことを表します。「二人は出会う運命だった」なんて情熱的でロマンチックな言葉を聞くと、ウットリしてしまうあなた。ただ、告白の時以外はそうした言葉を聞く機会もなかなかないので、欲求不満になることも多いでしょう。

Test 40

おみやげ屋さんで見つけた「木のボール」。いったい何に使う？

木目がきれいな、木のボールが2つ、
とある観光地の
おみやげ屋さんで売っています。

このボール、
何に使われるものだと思いますか？

A お風呂に浮かべる

B マッサージに使う

C 子供のおもちゃ

D 置物として飾る

Test40 診断

ボールの使い道によって、あなたの「恋愛精神年齢」がわかります

2つあるボールは「恋愛関係の暗示」です。樹齢を表す木目が出たボールが何に使われると思ったかで、あなたの**恋愛における精神年齢**がわかります。

A を選んだ人……落ち着いたデートを楽しめる（かなり高め）

裸で入るお風呂に浮かべることを連想したあなたは、かなり熟達《じゅくたつ》した恋愛観の持ち主。いわば大人の余裕を持って、恋愛を楽しむことができるタイプです。大人の魅力を持っているので基本的にモテるタイプですが、調子に乗りすぎないよう気をつけましょう。

B を選んだ人……ドラマチックな出会いを求めがち（やや低め）

マッサージは、活発な行動力を表します。あなたはハツラツとした若い恋愛観をキープしているタイプ。好奇心旺盛で、フリーの時は出会いを求めてあちこち出かけそ

う。また比較的ホレっぽく、いつも誰かを好きになっていそう。ただし恥ずかしがり屋なので、いざという場面で冒険ができないことも。

Ⓒを選んだ人……現実より2次元(かなり低め)

子供のおもちゃを選んだあなたは、恋愛に関して、かなり幼いタイプ。おとぎ話のような出会いに本気で期待したり、好きな人にデレデレ甘え続けたり、ワガママを押し通したり。将来につながるような落ち着いた交際が、なかなかできないかもしれません。

Ⓓを選んだ人……枯れた魅力でかえってモテモテ(高すぎ)

ただ飾っておくだけのものをイメージしたあなたは、恋愛に関して「自分はもういい」と達観した態度でいるタイプ。いわば枯れてしまった人ですが、その分ヘンな欲がないので、かえってモテるかもしれません。でもそんな場面でも、「面倒だな」と感じて、自分から身を引いてしまうこともあるでしょう。

Column

「マウントを取ってくる相手」への対処法

「職場で責任ある仕事を任されちゃって、大変なの……」
「私の彼氏がものすごく優しくて……」
「この間、●●ってブランドのバッグを買ったんだけど……」

友人や同僚など、身近な人にこんなことを言われて、イライラしてしまった……なんて経験はありませんか？

もちろん相手はあなたに対して、悪意を持っているわけではありません。「少し嬉しいことがあったから、親しいあなたに報告をしよう」という程度の軽い気持ちで言っている場合がほとんどでしょう。

でも、そうした話を聞かされる側としては、苦痛に感じることも多いものです。相手の職場での評価なんて全然興味がないのに……。彼氏との恋愛エピソードなんてどうでもいいし……。バッグを買ったって、お金があることを自慢しているだけじゃない……。

笑って聞き流せばいいとわかっていても、やはり「マウント」を取られるのは不愉快なもの。

マウントを取る行動には、動物のマウンティングと同様に、**「近いポジションのもの同士で優劣をはっきりさせる」**という意味があります。

聞かされる側に「同じ土俵で競いたい」という意思がなければ、一方的に「あなたは私より価値がないですよ」と決めつけられる形になり、劣等感を刺激されてしまいます。

かと言って、ムキになって自分も自慢話で対抗しようとすると、逆に「空気が読めない人」と言われて攻撃をされたり……。

人とのコミュニケーションは本当に難しいものですね。

「マウントを取られた時」の華麗な反撃方法

そこでここでは、マウントを取られた時のために、相手に効果的に反撃するとっておきの方法を紹介しましょう。

それは、

「いやぁ、さすが○○さん。私もきれいにマウントを取られちゃった」

と言うことです。

この言葉を口にする時は、あくまでも笑顔で、ジョークっぽく聞こえるようにするのがポイント。最初に「さすが」とホメていることもあって、相手を非難していることは伝わりません。

その一方で、「マウントを取られた」と言うことで、相手の発言が「第三者の目から見てもカッコ悪いものですよ」と伝えることができるのです。

この言葉を聞かされた相手は、「はっ、私はみっともない発言をしてしまったのかも」と自身のことを反省する気持ちが瞬時に働くはず。これをある程度くり返せば、どんなにマウント発言の癖《くせ》がある相手でも、そうした発言を控えるようになってくれるでしょう。

この方法は、もちろん1対1の場面でも効果を発揮しますが、多くの人がいる場面でより強力な武器となることでしょう。

現代社会には、様々なストレスの原因があふれています。私たちの生活は、まさにストレスとの戦いの日々でもあるのです。

そうした中でマウントを取ってくる人は、何も悪くないあなたのことを無邪気に苦しめてくる存在。

だからこそ「それ、マウントですよ」と指摘することで、相手に一矢《いっし》報いてしまいましょう。

5章

「新しい自分」に出会うための手がかり

――あなたにふさわしい「運の切り開き方」

Test 41

初詣の帰り道、女性が肩を落とすワケは？

笑顔で初詣《はつもうで》に出かけた女性が、
帰り道、「失敗したな」と肩を落としています。

彼女はどんなことで、
失敗をしてしまったと思いますか？

次の中から直感で選んでください。

A お賽銭《さいせん》に千円札を入れるつもりが5千円札を

B せっかく買った破魔矢《はまや》をどこかに忘れた

C 帰りに入ったレストランが今一つ

D 絵馬に願い事を書いたが奉納の後で誤字に気づいた

Test 41 診断

女性が肩を落とす理由から、**「どんな落とし穴が要注意か」がわかります**

初詣での失敗は、「あなたを待つ落とし穴の存在」を象徴しています。選んだ答えによって、あなたが**どんな落とし穴に気をつけるべきか**がわかります。

A を選んだ人……「うまい儲け話」にご用心

直接的なお金の失敗は、あなたが欲をかきすぎて、お金にまつわる落とし穴にはまりやすいことを表します。ちょっと怪しい投資話とか、株の売り買いなどには、特に注意が必要です。また給与の額でアルバイトなどを決めるのも危険。熱くなって判断を誤らないよう気をつけましょう。

B を選んだ人……感情に振り回されてドツボにはまらないように！

矢は、周囲の人への攻撃を表します。あなたは、ついムキになったりして、身近な人とケンカになったりしやすいので注意が必要。ムカッとすることがあっても、冷静さをキープ。穏《おだ》やかな態度を崩さないのが、孤立することを避け、落とし穴にはまらないポイントです。

Ⓒを選んだ人……「本能に忠実すぎ」もホドホドに

レストランが今一つという答えは、あなたが本能に忠実すぎるあまり、食べすぎたり怠惰《たいだ》な生活に陥ったりする危険性があることを表します。贅肉《ぜいにく》だらけの体になって家族に呆れられる恐れもあるので、軽い運動などを始めましょう。一人暮らしの場合は部屋が散らかり放題になる危険性が。

Ⓓを選んだ人……「重要な決断」の時はくれぐれも慎重に!

目標や夢を書いたりする絵馬の誤字は、あなたが重要な場面で判断を誤るタイプの落とし穴にはまりやすいことを表します。転職とか引っ越しなど、人生を変えるような決断をする時は、くれぐれも慎重に。データをたくさん集め、人の意見も聞いてから決めることです。

Test 42

子供の巣立ちを祝って「すき焼き」パーティ。最初に口にするものは？

イメージしてください。

あなたは、次の春に巣立つお子さんがいる家庭をもっています。

今夜は「すき焼き」パーティをすることになりました。

家族でお鍋を囲んで、あなたが最初に食べるものは何ですか？

A 肉

B 野菜

C しらたき

D 豆腐

Test42 診断

最初に口にしたものから、あなたが
「次の春、大切にしたいと思っていること」がわかります

かなりのご馳走《ちそう》であるすき焼きは、食べる時にも、どこか張り切る気持ちが出るもの。次の春に巣立つ子供がいるなら、なおさら「新生活に向けての期待感」や「これからどうしたいか」という心境になります。そんなすき焼きを前にして何を最初に食べるかで、あなたが**次の春、大切にしたいと思っていること**がわかるのです。

A を選んだ人……仕事や学業……本業に専念

メインの食材である肉は、あなたが世の中ですべきこと、つまり仕事や学業を表します。仕事や学業が一番大切で、やる気に燃えているはず。主婦の人なら、単なる家事ではなく、家庭を上手にマネージメントしていくことに燃えているはず。

B を選んだ人……「趣味」に思い切り没頭したい

脇役ながら、ジューシーで新鮮な野菜は、生活に潤いをもたらすもの、つまり趣味を表します。新しい季節が始まれば、好きな趣味に思う存分没頭したいと思っていそう。その分、仕事や学業が疎かになる心配も。

C を選んだ人……1年間で「●●円」貯める！

そのもの自体にあまり味がないしらたきは、何にでも代えられるもの、つまりお金を表します。今はお金が一番大事と思っていて、大学生になるならバイトを始めようと考えたりしていそう。親なら我が子の学費のために、仕事と貯金を頑張らねばという心境かも。

D を選んだ人……恋人やパートナーとリア充な1年に

白い豆腐は、ロマンチックな感情の高まり、つまり恋愛やパートナーとの関係を表します。学生なら、これから恋もしたいと燃えているはず。既婚者の場合も、パートナーともっとコミュニケーションを取りたいと思っていそう。

Test 43

クローゼットの前で女性が捨てようか迷っているものは？

女性が、クローゼットの前で
あるものを手に取り、
「これ、もうすぐ穴が開きそう。捨てちゃおうかな」
とつぶやいています。

この女性は、どんなものを手にして、

「捨てようかな」

と言っていると思いますか？

A 下着

B ボトムス

C 靴下

D ブラウス

Test43 診断

女性が捨てようか迷っているものから、あなたの
「やめたいのにやめられない悪い癖、習慣」がわかります

穴が開きそうで「捨てようかな」と思っている衣類は、あなたが**本当は「やめたい」と思っている、悪い癖や習慣**を表しています。

A を選んだ人……人には言えない「オタク趣味」

下着は、あなたが隠している秘密の部分を表します。あなたは人に言えない趣味を持っていて、今もこっそり続けているのではありませんか？　人前では隠していても、オタク的な趣味を持っていたりするタイプ。いっそのことカミングアウトしてしまった方が、気持ちがラクになるかもしれませんよ。

B を選んだ人……ついつい「食べすぎ」がやめられない……

ウエストサイズなどが重要なボトムスは、あなたが食べすぎなどの悪い癖から、なかなか抜け出せないことを表します。「食べると太る」とわかっていても、ついつい

お菓子などを食べてしまうあなた。将来の健康のためにも、運動などの習慣を身につけましょう。

Ⓒを選んだ人……ダラダラと時間をムダにしがち

足にはく靴下は、あなたの行動力に関する悪い習慣、つまりサボり癖を表します。一人で家にいると掃除などもせずただゴロゴロしていたり、職場でも誰もいない時には何もしなかったり。このサボり癖のせいで、今までの人生でものすごい時間をムダにしてきたのではありませんか？　やるべきことをドンドン片付け、そんな自分をホメてあげるのが、悪癖《あくへき》から脱出するカギ。

Ⓓを選んだ人……言ってから「ヤバい！」となる失言癖

人目につきやすいブラウスは、対人面での悪い癖を表します。つい余計な一言を言って、相手を怒らせてしまったり、友人の秘密をバラしてしまったりしやすいあなた。人前で発言する時は、言っていいことかどうか頭の中で再チェックするのが、トラブルを少なくするポイントです。

Test 44

初夏のある日、物干し竿に干されているものは？

イメージしてください。

初夏のある日、
日の当たる物干しに、
真っ白の洗濯物が一つ、
干されています。

いったい何が干してあると思いますか？

A シーツ

B Tシャツ

C ワイシャツまたはブラウス

D タオル

Test 44 診断

干してある洗濯物から、あなたに残っている
「ピュアな気持ち」がわかります

白い洗濯物は、あなたの中にある「純粋さ」の象徴。お金とか、色々な心配事があったとしても、誰しも多少はピュアな心を失ってはいないはず。どんな洗濯物をイメージしたかで、**あなたの中にどんな純粋な心が今も残っているのか**がわかります。

Ⓐを選んだ人……「世のため・人のため」に動かずにはいられない

大きなシーツは、あなたの中に「みんなのため」「世の中のため」に何かしたいという純粋な気持ちが、今も残っていることを表します。困っている人を見ると、親切にせずにはいられないタイプ。でもそれだけに、自分や家族のことを後回しにして、損な役割を引き受けヘトヘトになってしまうこともあるかもしれません。

Ⓑを選んだ人……いつだって「自分に正直」でいたい

肌着でもあるTシャツは、あなたの中に、自分の皮膚感覚を大切にしたい、自分に

正直でいたいという純粋な気持ちが残っていることを表します。ただ素直すぎるあまり、思っていることを正直に口にして、かえって誤解されてしまうことも多いでしょう。正直なのはいいけれど、発言には人一倍、気を配るようにしましょう。

C を選んだ人……「曲がったこと」がとにかく許せない！

職場などにも着ていけるワイシャツやブラウスは、あなたが強い正義感の持ち主だということを表します。世の中はこうでなければならないという気持ちが強く、時としてそれが暴走しやすい傾向が。少しのマナー違反も見逃すことができず、正義の心で人を責めたりしてしまいそう。

D を選んだ人……誰かを一途に愛し続ける気持ち

濡《ぬ》れた手や顔などを拭《ふ》くタオルは、異性に対する愛情を表します。今もピュアに、誰かを愛する気持ちをキープしているあなた。でもそれだけに、報われない愛に苦しんだり、恋愛に夢中になりすぎると他のことが疎かになったりしがちです。ピュアな愛情はいいけれど、ホドホドに愛することも覚えましょう。

Test 45

道の途中に、1枚のトランプが——その柄とは？

イメージしてください。

道の真ん中に、
なぜかトランプが1枚だけ、
落ちています。

それは次のうち、
どのカードだと思いますか？

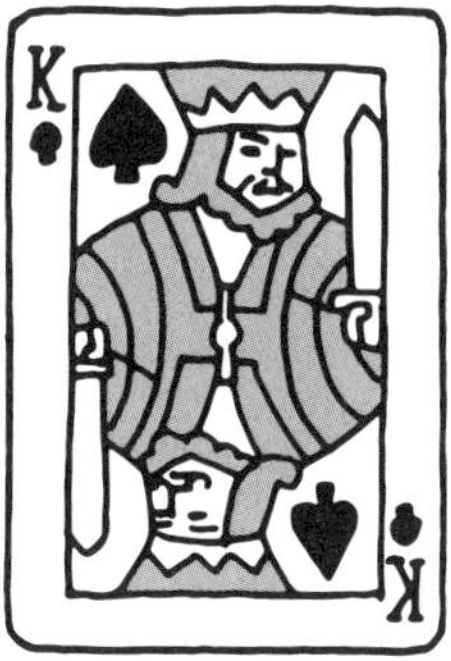

A J、Q、Kの絵札

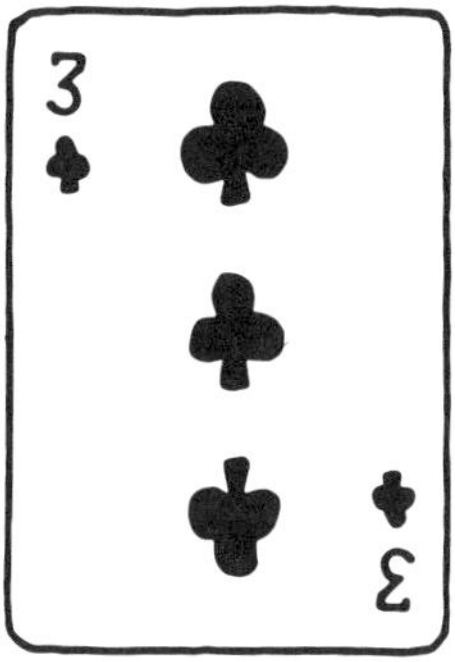

B 2から10までの数札

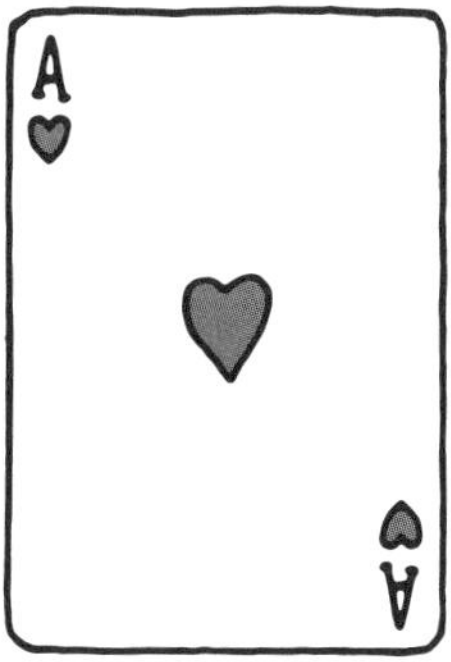

C エース

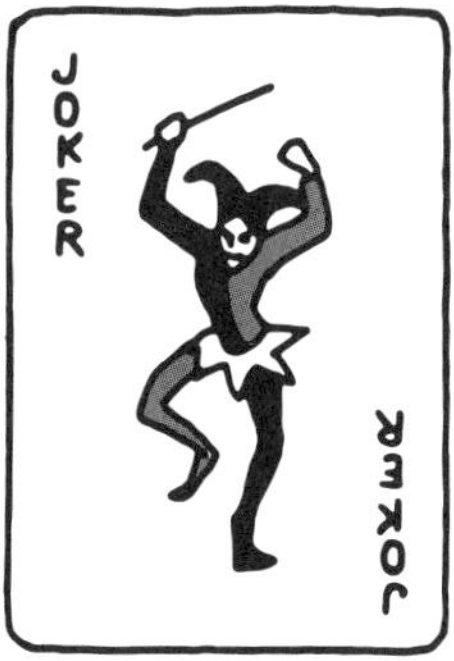

D ジョーカー

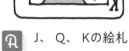

Test45 診断

トランプの柄から、あなたが
「一人きりになりたくなる時」がわかります

道に1枚だけ落ちているカードは、あなたの中にある「孤独を求める気持ち」の象徴です。どんなトランプのカードをイメージしたかによって、あなたが**どんな時に「一人になりたい」と感じるのか**がわかります。

A を選んだ人……たとえ気心の知れた相手でも「ずっと一緒」はシンドイ！

人間の姿が描かれた絵札は、気心の知れた相手でも、ずっと一緒にいると精神的に疲れてしまうことを表します。親友や恋人に対しても、「ヘンな姿は見せられない」と思い、無意識に気を遣ってしまうあなた。そんなあなただから、例えば好きな人と旅行に行くにしても、一人になれる時間を少しは確保した方が、楽しめるでしょう。

B を選んだ人……「上辺だけの付き合い」が続くと疲れる……

数札は、周囲の人との浅い付き合いを表します。あなたは、広く浅い交際が苦手なタイプ。そのため、例えば職場の同僚との付き合いや、趣味のサークルで何かをするといった場面で、要領よくみんなに笑顔を振りまくことができず、人間関係がギクシャクすることに。気が合う仲間をまず一人作るのが、グループで浮かないコツです。

C を選んだ人……仕事などでプレッシャーを感じた時

エースは、周囲の期待が高まった状態を表します。あなたは、周囲から期待され、プレッシャーを感じると「一人にしてほしい」と思うタイプ。職場などで部下や後輩を指導する立場になったり、リーダー的なポジションでストレスを感じそう。一人で責任を抱え込まず、相談できる参謀役を育てるのが、プレッシャーに負けないカギ。

D を選んだ人……新しい「人生の目標」に開眼したら周囲がお荷物に!?

トランプのカードの中で特別な存在であるジョーカーは、あなたが「自分は特別」と感じた時に一人になりたくなることを表します。具体的には、芸術的な才能に目覚めたり、新しい人生の目標を発見した時。そんな時には自分のやりたいことに全力投球したくなって、家族や友人の存在さえ多少ジャマに感じてしまうかも。

Test 46

都会で一人暮らしを始めた女性。彼女が選んだカーテンは？

都会のマンションで
一人暮らしを始めた女性がいます。

節約のためインテリアや家電は
田舎から持ってきましたが、
カーテンは新しいものを買いました。

この女性は、
どんなカーテンを買ったと思いますか？

A 無地のカーテン

B 植物柄のカーテン

C チェックのカーテン

D 好きなキャラクターのカーテン

Test 46 診断

女性が買ったカーテンから、あなたの
「孤独の紛らわし方」がわかります

一人暮らしの女性は「孤独で寂しい気分の時の、あなた自身」を表します。この女性がどんなカーテンを選んだと思ったかで、あなたが**孤独を感じた時に、どんなふうに紛らわすといいのか**がわかります。

Ⓐを選んだ人……日々のルーティンを丁寧に

無地のカーテンは、シンプルな生活の中に、実は孤独を紛らわせるヒントがあることを表します。一人で寂しいと思ったら、家事や仕事など自分が本来やるべきことを丁寧にこなしてみては？　そんな姿を見て認めてくれる人が現れるはず。また、ダイエットやジム通いなどで「自分磨き」に励むのもおすすめ。

Ⓑを選んだ人……「外の空気」に触れてリフレッシュ

植物柄のカーテンは、あなたが家にこもっていては、なかなか孤独から脱出できないことを表します。あなたの場合、孤独を紛らわす一番の方法は、とにかく外出すること。ウインドウショッピングでも散歩でもいいから、家を出て外を歩きまわりましょう。そうすることで、人と触れ合う機会も自然と増えて、寂しさもなくなります。

Ⓒを選んだ人……「本や映画」の世界に没頭

知性を表すチェック柄は、知的な世界に触れることを表します。あなたが孤独を感じたら、たくさん読書したり、映画を観たりするのがおすすめ。話題が増えて会話も盛り上がるようになるし、同じ趣味を持った友人と知り合える可能性もあるでしょう。

Ⓓを選んだ人……「2次元」で疑似恋愛にハマる

キャラクターの柄は、あなたが孤独を感じたら、むしろ疑似恋愛にハマってみるのがおすすめだということを表します。アイドルでもいいし、2次元のキャラでもいいから、夢中になって応援できる相手を見つけましょう。ライブやイベントなどに行けば自然と行動範囲が広がるし、仲間も見つかって充実した毎日になるはず。

Test 47

巨大ロボットのミサイル、どこから発射される？

あなたはマンガ家です。

今、巨大なロボットが登場する作品を描いているところ。

この巨大ロボの最大の武器はミサイルなのですが、ミサイルをどの部分から発射することにしますか？

A 頭のてっぺん

B 胸の真ん中

C 両腕

D ひざがパカッと開いて

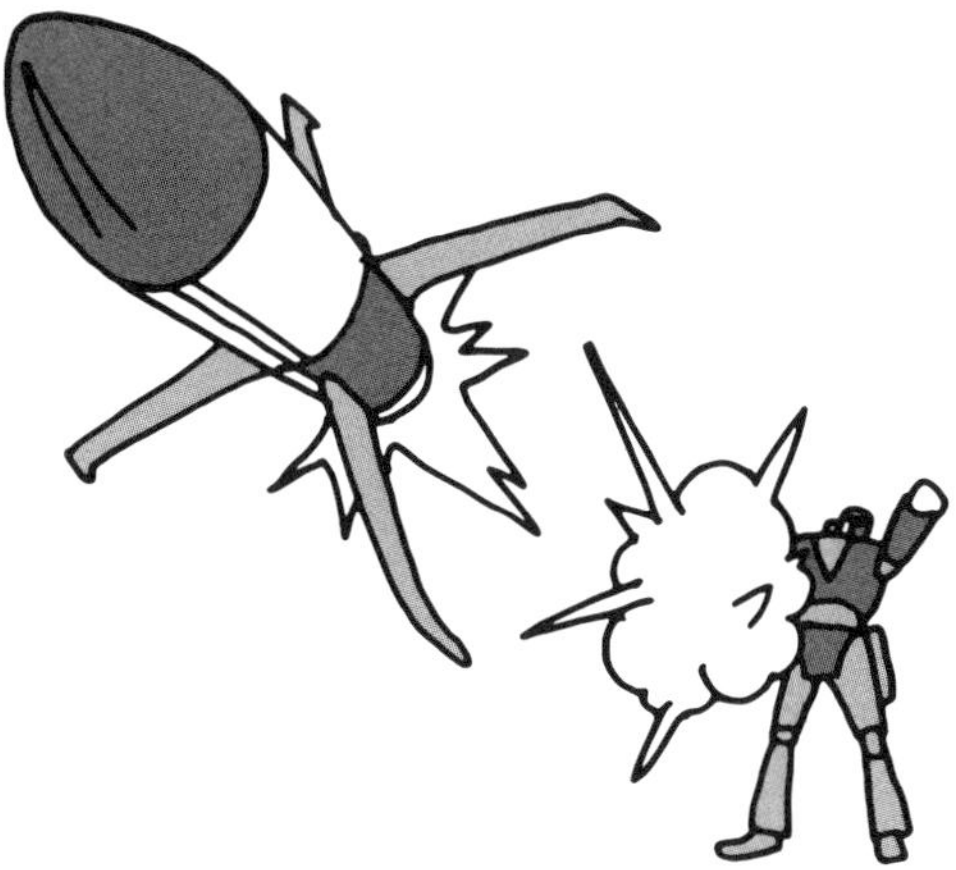

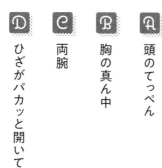

Test47 診断

ミサイルが発射される部位によって、あなたに合った

「ストレス解消法」がわかります

巨大なロボットが最大の武器であるミサイルを発射する場面は、物語の中でも一番のクライマックス。その場面でどんな場所からミサイルを発射させるかによって、あなたの**気持ちがスッキリする、ストレス解消法**が判断できるのです。

A を選んだ人……「思考スイッチ」をオフに

頭のてっぺんという答えは、頭をからっぽにする時間が必要だということを表します。睡眠を多めに取ったり、カフェなどでぼんやりしたり、温泉にゆったり浸《つ》かったり……何もしない時間を作りましょう。それにより気持ちがリセットされて、新しいアイデアが浮かんだりすることも多いはず。

B を選んだ人……「芸術」に触れて五感を開放

胸という答えは、心を揺さぶるような感動的な体験を表します。あなたの場合、イ

ライラがつのったら、芸術作品などに触れて感動するのが一番のストレス解消法。映画を観たり好きな音楽を聴いたりすることで、日常生活の様々な不安を忘れることができ、前向きな気持ちを取り戻すきっかけに。

Ⓒを選んだ人……人や動物と触れ合い、気分転換

両腕という答えは、様々な触れ合い、スキンシップを表します。恋人などがいる人は、手をつないでデートをしたりすることが、ストレス解消に直結します。また、イヌやネコなどの動物と触れ合うことにも、気持ちをリフレッシュさせる効果が。どちらもムリな人は、友人とリラックスして会話を楽しみ、心の触れ合いを。

Ⓓを選んだ人……体を動かしイライラをデトックス

ひざという答えは、とにかく体を動かすことが、ストレス解消につながることを表します。ジョギングやダンス、ゴルフなど、体を動かせるような趣味を一つ、始めてみてはいかが？　日頃のイライラも、汗と一緒に流すことができるでしょう。また、登山や釣りなどアウトドア系の趣味も効果あり。

Test 48

手芸好きな女性がオシャレな布で作ったものは?

手芸好きな女性が、
オシャレな布をもらいました。
この女性は、もらった布で
何を作ったと思いますか?
次の中から選んでください。

A エプロン

B 枕カバー

C テーブルクロス

D トートバッグ

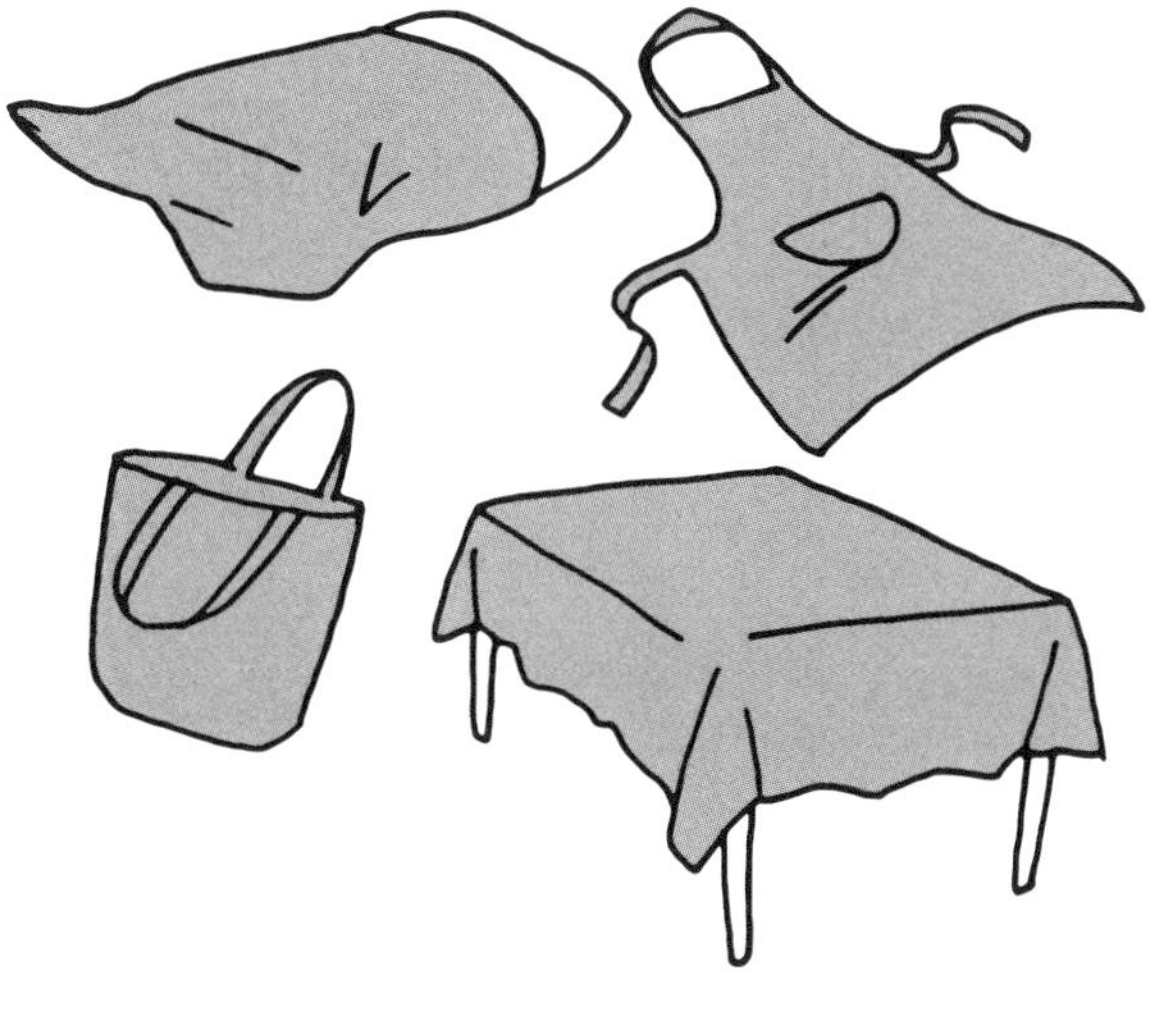

Test48 診断

女性が作ったものから、あなたが

「身につけたいと思う能力」がわかります

手作りのものは「能力を発見し、伸ばすこと」を象徴しています。この女性がどんなものを作ったと思ったかによって、あなたが心の奥底で**どんな能力を「身につけたい」と思っているのか**がわかります。

Ⓐを選んだ人……**テキパキと要領よくこなすスキル**

料理の時に着るエプロンは、いわば作業着でもあり、物事をテキパキと片付けていく能力を表します。あなたは忙しくなると、何から手を付けたらいいかわからなくなったりして、ますます大変な事態に……なんてことが多いのでは？　やるべきことに優先順位をつけ、一つずつこなしていく能力を身につけましょう。

Ⓑを選んだ人……**注目を集めるユニークな発想力**

眠る時に使う枕は、想像力を表します。あなたは、アイデアが必要な場面で平凡な意見しか出せない自分に、ちょっぴり不満を感じているのでは？　ファンタジーな映画を観たりして、発想力、空想力に磨きをかけましょう。ユニークな意見を言う人として、注目を集める場面も増えるはずです。

C を選んだ人……みんなに一目置かれる「オシャレ」センス

テーブルを飾るテーブルクロスは、あなたが心の奥底で「もっと自分をオシャレに見せたい」と思っていることを表します。オシャレな友人がみんなにホメられたりしているのを見て、内心「うらやましい」と思っているのかも。流行を追うだけでなく、自分に似合う色やスタイルを研究するのが、センスアップの近道かも。

D を選んだ人……誰とでも仲よくなれる「コミュ力」

外に持ち歩くバッグは、あなたが友達を増やす能力を身につけたいと思っていることを表します。限られた交際範囲に、飽き飽きしているのかもしれません。行動範囲を広げると同時に、初対面の相手にも適度な距離感で話しかける練習をしてみては？相手を自然にホメたりするのが、能力獲得の第一歩になるでしょう。

Test 49

シェフがある調味料をプラス。スープを各段においしくしたものは？

あるレストランの厨房《ちゅうぼう》でのこと。

新人のコックが作ったスープを
シェフが味見しています。
そして首をかしげると、あるものをプラス。
すると今一つだったスープが
格段においしくなりました。

このシェフは、何をプラスしたと思いますか？

A 塩

B 砂糖

C コショウ

D オリーブオイル

Test49 診断

プラスした調味料によって、「最近のあなたに足りないもの」がわかります

スープにプラスしておいしくしたものは、**最近のあなたの毎日の中で、足りないもの、欠けているもの**を象徴しているのです。

Aを選んだ人……**「やるべきこと」をバリバリこなす集中力**

塩は、自分を甘やかさずにコントロールすることを表します。最近のあなたは、やや集中力や勤勉さが足りず、面倒なことを後回しにする傾向があるようです。やるべきことをリストアップして、一つひとつ丁寧にこなしていくようにすれば、逆に自由になる時間も増えて、生き生きした毎日が過ごせます。

Bを選んだ人……**異性とのスキンシップ**

甘い砂糖は、今のあなたに異性との触れ合いが足りないことを表します。パートナーがいる人は相手に甘えたりしたいのに、なかなかそんな機会がつかめずにいそう。

フリーの人も、出会いに恵まれていないようです。自分の魅力を高め、異性の前でもっと自分をアピールしていきましょう。

Ⓒを選んだ人……退屈な毎日から脱出する「新しい刺激」

刺激物とも言えるコショウは、あなたの毎日に、新しい刺激が足りていないことを表します。家事や仕事も、なんとなく惰性《だせい》でこなしている部分があるのでは？　資格の取得や新しい趣味など、自分なりに目標を決めてチャレンジすることで、退屈な毎日から脱出できるはず。

Ⓓを選んだ人……心に余裕をもたらす「小さなぜいたく」

オイルは、心に余裕を感じることを表します。最近のあなたに足りないのは、小さなぜいたくで満足感を得ること。いつもより少しおいしいものを食べたり、安くてもいいから新しい服や化粧品を買ったりすることで、上手にストレスが解消できて、周囲の人にも優しく接することができるようになります。

Test 50

図書館で目当ての本を見つけた女性。彼女が探していたものは？

図書館で、必死に本を探している女性がいます。

やがて彼女は、目当ての本を見つけてニッコリ。

彼女はどんな本を探していたと思いますか？

直感で選んでください。

A 料理のレシピ集

B 恋愛小説

C 有名な画家の画集

D 動物図鑑

Test 50 診断

女性が探していた本によって、あなたの「スランプ克服法」がわかります

必死に探していた本を見つけてニッコリした……という状況は、「スランプからの脱出」を象徴しています。どんな本をイメージしたかによって、あなたにピッタリな**スランプ克服法**がわかります。

Ａを選んだ人……つい気が焦る時ほど「日々の生活」を大切に

料理の本という答えは、毎日の生活を大切にすることを表します。あなたは目標に近づこうと焦って、スランプになる傾向があるようです。そんな時こそ、おいしいものを味わったり、しっかり睡眠を確保したり、「日常」を大切にすることが重要。それによって、地に足の着いた考え方ができ、スランプ克服のきっかけになるでしょう。

Ｂを選んだ人……「新しい恋」を始める

恋愛小説という答えは、あなたが恋をすることで、スランプから脱出できることを

表します。好きな人のことを思い浮かべることでパワーが湧いて、物事に積極的に取り組めるようになるでしょう。パートナーのいる人は二人で過ごす時間を増やすべき。そうでない人も、とりあえず好きになれる人を見つけましょう。

Ⓒを選んだ人……髪型や服装をちょっと変えてみる

画集という答えは、見た目を変えることで、スランプを脱出できることを表します。スランプかもしれないと思ったら、髪型を変えたり、新しい服を買ったりして、イメージチェンジをしてみては？　新しい自分を発見することで、気分もリフレッシュ。新鮮な気持ちで、仕事にも家事にも取り組めるでしょう。

Ⓓを選んだ人……一度立ち止まって「自分を客観視」

動物図鑑という答えは、周囲の様々な人を観察することを表します。スランプの時こそ、周囲の人をよく見てみましょう。優秀な人のスマートな仕事ぶりが参考になったり、逆に能率が今一つの人のダメな原因がわかったり、観察を通じて多くのことを学べるはず。それによって、自分が今、何をすればいいのかも見えてきます。

本書は、オリジナル作品です。

〈性格診断《せいかくしんだん》〉おもしろ心理《しんり》テスト

著者　亜門虹彦（あもん・にじひこ）
発行者　押鐘太陽
発行所　株式会社三笠書房
〒102-0072 東京都千代田区飯田橋3-3-1
電話　03-5226-5734（営業部）03-5226-5731（編集部）
https://www.mikasashobo.co.jp
印刷　誠宏印刷
製本　ナショナル製本

 ISBN978-4-8379-3057-0 C0111

王様文庫

知らずにかけられた呪いの解き方

エスパー・小林

土地、因縁、血脈……身近にある「魔」を、あなどる勿《なか》れ！　「邪」をはね返し、運気を盛んにする方法を伝授！　◎「魔」を呼び寄せる空間がある　◎心霊写真―「本当にヤバい霊」の場合　◎私が女性に真珠、ダイヤをすすめる理由……この本は、「読むお守り」になる！

面白すぎて時間を忘れる人間心理のふしぎ現象

内藤誼人

誰もが一度は感じたことがある「あのこと」はぜんぶ解明されています！　◎占いがなぜか「ズバリ当たる」ワケ――バーナム効果　◎「自分に似た人」を好ましく思う――類似性の原理　◎「期待される人」ほど成果が出る――ピグマリオン効果……この「心のバイアス」に気づいてる？

ことだま「名前」占い

水蓮

「まさみ」の「ま」は真実を見抜く力を示している!?　◎あなたに与えられた素晴らしい才能　◎名前は呼ばれるたびに「幸せスイッチ」がオンになる　◎その人の名前はあなたの「運命の人」か……ひらがな50音に宿る〝ことだま〟で「その人」をズバリ読み解く新・姓名判断！

K30634

王様文庫

龍神のすごい浄化術

SHINGO

龍神と仲良くなると、運気は爆上がり！　お金、仕事、人間関係……全部うまくいく龍神の浄化術を大公開。◎目が覚めたらすぐ、布団の中で龍にお願い！　◎考えすぎたときは、ドラゴンダンス！　◎龍の置物や絵に手を合わせて感謝する……☆最強浄化パワー、龍のお守りカード付き！

数字のパワーで「いいこと」がたくさん起こる！

シウマ

テレビで話題の琉球風水志シウマが教える、スマホ、キャッシュカードなど身の回りにある番号を変えて大開運する方法！　◎あの人がいつもツイてるのは「15」のおかげ？　◎初対面でうまくいくには「17」の力を借りて……☆不思議なほど運がよくなる「球数」カードつき！

神さまと前祝い

キャメレオン竹田

運気が爆上がりするアメイジングな方法とは？　「よい結果になる」と確信して先に祝うだけで願いは次々叶う！　☆前祝いは、六十八秒以上　☆ストレスと無縁になる「前祝い味噌汁」……「特製・キラキラ王冠」シール&おすすめ「パワースポット」つき！

K30627